謹以此書——

獻給

一直鼓勵支持我的家人

何志滌牧師

何凝

高偉良

並給我無限靈感與歡樂的乖孫

高希信

高希賢

如今不再是我

羅乃萱 著

遇上更好的自己，
好好活在當下的
22趟心靈邂逅

印象文字 InPress

如今不再是我

遇上更好的自己，
好好活在當下的
22趟心靈邂逅

作者 羅乃萱 Shirley Loo
責編 梁冠霆 Lawrence Leung、黃婉婷 Josie Wong
書裝 奇文雲海．設計顧問

出版 印象文字 InPress Books
香港火炭坳背灣街二十六號富騰工業中心十樓一零一一室
(852) 2687 0331 info@inpress.com.hk http://www.inpress.com.hk
InPress Books is part of Logos Ministries
(a non-profit & charitable organization) http://www.logos.org.hk

發行 基道出版社 Logos Publishers
(852) 2687 0331 info@logos.com.hk https://www.logos.com.hk

承印 陽光（彩美）印刷公司

出版日期 二零二三年七月初版
產品編號 IB609
國際書號 978-962-457-642-9

Published & Printed in Hong Kong

本書部分照片（頁23，35，43，75，85，93，103，131，153，193，200）由 Andrew Tsang 所攝，承蒙允許使用，特此鳴謝。

刷次 10 9 8 7 6 5 4 3 2 1
年份 32 31 30 29 28 27 26 25 24 23

Logos BookFinder

InPress Books

目錄

contents

第二部 練習告別，這原是生命的常態

第三部——

每一趟心靈的痛，都是一場人生的歷練

第四部——

對心中的天使說早安，對心中的魔鬼說再見

第五部——整全，是回頭再看的一幅人生風景

自序　如今不再是我

曾看著鏡子裏的自己，額上再長出絲絲白髮，沒時間去染了，隨它吧！

看看臉上的眼袋，愈來愈大，人家會看出我的年齡（就是那個拿了長者優惠卡的年紀），那又怎樣？

衰老，是成長的延續，也是中年以後必經之路。

最重要的是心態，是否也隨著年紀變得固執，不願改變，自私小器，終日在疑己疑人之間糾纏？還是變得心寬自在，擁抱變幻，喜樂的過每一天！

坦白說，曾經是前者的我，愈來愈覺得，後者是常態。

看著鏡中的自己，隱隱覺得昔日青春歲月的天真、容易信任別人的本質沒變，但多了一份智慧辨識；更重要的是，**懂得說「不」，知道甚麼是適可而止，甚麼是感情上的斷捨離**。

執筆寫這篇序的日子，正是兩頭黃鴨向港人告別的這天。

十年前，黃鴨駕到。正正是我要動大手術的前兩週，當時心情忐忑，不知道「手術後」結果如何，要跟家人「交代」一下各種安排嗎？如果要，該怎樣說而讓大家不至太擔心？惟一能做的，便是心中默禱：主啊，我該怎麼做？

當刻，最深的領受是：沒經證實的事情不要盡信，與活在當下。對，我的檢驗報告還沒出來，為何將「最壞的打算」變成「事實」，而且，那根本只是恐懼出來的猜測，不是「現實」啊！

至於「**活在當下**」，就看到新聞黃鴨訪港。一直對這隻鴨子滿有好感，畢竟那是孩子洗澡時的最佳「玩伴」，不如拉外子去訪黃鴨吧！就是這樣，我們去了海運大廈的露天停車場，高高在上與黃鴨拍了好幾張照片。

那兩個星期，就是這樣吃飯、工作，說說黃鴨，聊聊家常，然後施施然被推進手術室。

手術過後，曾身子虛弱，氣若游絲，動輒就咳嗽感冒。感恩的是上主讓我碰到良醫，經她悉心調理，我的身子逐漸健壯起來。最近去多倫多主持十多場講座，不少聽眾都覺得我精力充沛，中氣十足。

哈哈！如今不再是我，這是其中一個意思。如今碰上雙鴨訪港，我更是非探望不可。因為要向其特別道謝，十年前陪我度過那段忐忑不安的日子。

最近，碰到不少「埋身」的人，有來勢洶洶的（指的是那種淩人的氣場）、有笑裏藏刀的、有「眼尾也不看我一眼的」，當然也有志同道合、一拍即合的，讓我疼惜極想提拔的，也有相識不深卻對我們關顧備至的。對於前者，我不會再像從前那樣，忍氣吞聲，任由別人左右了。我會向他們提問，也會不動聲色地反擊，因為知道自己是誰，我心中的異象為何，更知道我真正的老闆是天上的父。別人怎看怎想怎回應，我控制不了，而真正「主」控這一切的，是我四十多年信靠的「主」耶穌。

當然，說碰到那些值得栽培推薦的、值得合作同行的，過了若干年日，也試過看走了眼，看錯了人。然後，我會傻兮兮自責：「以後一定要帶眼識人，不會這樣隨便相信別人。」

熟悉我脾性的好友就會說：「這是你的本性，難移啊！」曾經為此自責不已，但今天不會了，那是我的善良可愛的本質，就讓我好好擁抱之。這陣子，更學會四個字，**就是「看見」與「恰巧」**。

所謂「看見」，正是我每天的禱告：求主讓我每天看見祂的恩慈信實，看見祂的大能大力，看見祂透過身邊出現的「天使」，印證祂的同在。

所謂「恰巧」，就是看到圍繞在身邊的人和事，他們的出現與連結，絕非偶然，都是上帝之手巧妙的安排，讓我更信靠順服。

如今，不再是我，而是基督在我裏面活著。主啊，但願我這副本性與皮囊，真的配得上祢的內住與同在！

第一部

別太在乎，那些都只是過眼雲煙

01

Be Yourself

不要在乎別人怎看怎説，因為人家過目即忘，卻成為我們的刻骨銘記

做得好跟壞，別人未必看透，只有自己知道。
有時，我們需要學習聽聽就算的大方與氣度。
別以為人家會記得甚至在乎我們的成敗，
真正在乎的只有我們自己。

曾經，很在乎別人怎樣看，怎樣説。所以日子變得寸步難行。

還記得在青澀歲月的年代，前輩給了我一個演講的機會，那敢怠慢！花了一個月時間準備，博覽羣書，寫好了十多頁的講稿。到走上台時，感覺雙腳發抖，看見台下的人，他們會否想：這個才二十多歲的姑娘，憑甚麼走上台講話？

還記得那天，見到台下某一雙帶著鄙視的眼神，把我嚇得快忘記自己要説的。所以前輩提醒我：「寫下你的講稿，就算心慌意亂，也可以有個依據。」事後再問前輩，「分享的時候，總會見到台下有專心聆聽的、有打瞌睡的、有低頭在看手機的、有交叉雙手在胸前作勢的，怎辦？」

「你就把專注力放在那些留心聽講的人身上吧！他們的[illegible]你更賣力去講。」

那些對我（所講的）不感興趣的人呢？

「哈哈，你也不需要對他們感興趣啊！」

對！那是我對「別人怎看的」的第一課。

其實，「不要在乎別人怎看」，說得輕鬆，但實在難做。特別是人家的話出了口，感覺難堪了，怎辦？

首先，得看看**為何自己會聽到這些難聽或讓人難堪的話？**是否我們過於張揚或招搖，引起別人的妒忌，人家才會「唔抵得你」，衝口而出一些酸溜溜的話。所以，我對這類話如「久仰大名，早聽過你的名字。從前風聞，如今見到真人啊！」會小心聽，也謹慎回應。我更會特別留意對方的表情聲調，坦白說，會聽得出是真心話、恭維話，還是酸話的。

又或者，這就是對方的個性。說得極端一點，就是「不識抬舉」、

「不懂做人」，更貼切點，就是「開口夾著脷」，一開口就會說錯話。也就是說，他非單對我如此，對身邊的人也是。這種混身是刺的，最好保持距離，更切勿交心，免得心靈受損。

好的，就算對方真的「這樣看我們」，那又如何？聽來，也只是「閒話一句」，何必記在心上，成為不可磨滅的烙印。記得某次找錯了交心對象，很快把內心的難過苦澀告訴對方，怎知道換來的回應是「原來你是這樣不堪一擊的啊！」聽在耳裏，猶如在破碎的心上再砍一刀。

是的，我是脆弱的，是不堪一擊的，所以才需要你的聆聽、安慰與接納啊！後來發覺，是我選錯了對象。從此告誡自己，**要看清楚才對怎樣的人，說怎樣的話**。

不過，更慘烈的那趟，還是在某校的一次講座。沒想到講座結束後，校長出來跟我講完全相反的話。換句話說，就是「對著幹」，真是始料不及。滿以為對方邀請我來，肯定明白我的立場，萬沒想到一講完，他老兄出來「推翻」。友人聽到我的遭遇，狠狠地說：「換了是我，會立刻walk out離場！」但我沒有。就愣在那裏，帶著微笑（其實是苦笑），聽他逐句「反駁」。

沒想到的是，聚會完了，有幾位女士走過來，安慰我說：「不要緊，我們很同意你的觀點！」心想，有她們的支持就夠。我被邀來主要是講給台下的聽眾聽的，那位校長只是其中一位，何必因為他的回應而讓自己心靈受創。

但更重要的事，**人都是善忘的**。在那個場合發生那件讓我無地自容的事，很快會隨著時光的洗滌，大家都忘記得一乾二淨。

但最感羞辱的那趟，莫過於十九歲那年，滿腔熱血自薦去當一個冬令會的司琴。由於我不會轉調（從C調轉到降E調）而被當時的講員勒令下台，但講員在台上的呼召卻是「上主呼召的是第一流的人才，不是第九流的人才！」那時，內心出現很多自責：「我剛被趕下台，是第九流的人才嗎？」、「我配服事上帝嗎？」……

只是，當時腦海也出現我曾承諾天父，如果爸爸信耶穌，我會終身服事祂。也是在那天，收到爸爸開始返教會的親筆郵簡，更說會原諒我對他的不孝（因我曾寫日記咒罵他）。想到這兒，也想到上主要求的，不是我有多棒，而是：信靠順服。最後，我站了出去。哪管講員瞧不瞧得起我？哪管當時可能是六百對眼睛看著我被趕下台？那又如何……

我，只是回應上主的呼召。一直事奉，直到如今，已經過了四十多年。

有趣的是，事隔多少年，碰見不下一個是當時在場的弟兄或姊妹。每趟我都刻意地問：「你們記得在冬令會的最後一天，司琴被講員趕下台嗎？」他們都說不知道。頂多有一位回應：「隱約好像有這樣一回事，至於是誰就不知道。」

「哈哈，那個被趕下台的第九流司琴，就是在下！」有趟我把事件向她重述，怎知對方的反應卻是：「沒有人會記得的，你又何必如此刻骨銘心！」說得真中！

人家都忘得一乾二淨，我幹嘛還記得一清二楚？

眼睛長在人家身上，他愛怎看就怎看；腦袋卻長在咱們身上，我可以選擇不去讓他的想法、目光盤踞我的心思意念。對我來說，這些都是我不值得去記憶，該「忘記在背後」的事啊！

人家都忘得一乾二淨，
我幹嘛還記得一清二楚？

不在乎十思

1 不在乎旁人怎說，只要知道自己真正想做的。

2 不在乎他人比較，懂得今日的我要比昨日的我努力。

3 不在乎別人回饋，既然付出關心就不求回報。

4 不在乎順境逆境，每天要學習管好自己的心境。

5 不在乎是否成功，只要自己盡力發光發熱。

6 不在乎是否擅長，總之將勤補拙，全力以赴。

7 不在乎人家看扁，總有自知之明，找到安身立命之點。

8 不在乎誰是誰非，與其花氣力爭拗，不如做好本分。

9 不在乎失敗多少次，要能從中汲取教訓，繼續勇往直前。

10 不在乎禱告多久，只要真心真意，定能搖動神的手。

眼睛長在人家身上，他愛怎看就怎看；腦袋卻長在咱們身上，我可以選擇不去讓他的想法、目光盤踞我的心思意念。對我來說，這些都是我不值得去記憶，該「忘記在背後」的事啊！

02

Be Yourself

收起憂慮，活在當下，坦然接納眼前的人和事

憂慮、掛心，總會湧上心頭。是嗎？
何必將思想糾纏在某個偏執的思考模式上，
讓自己前不見去路，又被憂慮趕著走？

這天，收到好友的電話：「不得了，一定要找你談談，我碰到很大的麻煩！」一聽到是大麻煩，又是好朋友，立刻推了本來的約會，騰出時間見個面。

那天走進餐廳，見到他跟太太憂心忡忡的臉容，再聽他們娓娓道來「大麻煩」是怎樣的一回事。

聽罷，原來是一些仍沒發生的揣測與憂慮。

「我們怕如果這樣下去……會那樣……」過度的猜度擔心，會讓人陷入無止境的憂慮之中。

記得看過一本書的名字，叫《你所煩惱的事，有九成都不會發生》，覺得所言甚是。回想過去的歲月，我們曾經擔憂過的事情，如：會否找到一份好的工作？一個好的伴侶？女兒會否找到好的歸宿……人生的每一個關口，都可以出現諸般的擔憂。

好像到今日，又會擔心：「旁邊有人咳嗽，是否確診者？如果是，我會否感染」之類。

憂慮是頭無所不在的怪獸，總在不經意的時間出沒，讓人防不勝防。就像最近碰到的另一對朋友，他們的孩子進了夢寐以求的名校，本該高興才是，但又會開始擔心：「我的孩子是否追得上？現在該怎樣準備她入學？如果追不上會否轉校」等等，這些憂慮讓他們喘不過氣來。**歲月卻教導我們，不要給憂慮留太多的餘地**。否則，他們就會肆無忌憚地闖進我們的心思意念，讓人裹足不前。

首先，我們想想憂慮背後的思維是甚麼？

想起昔日當媽媽的日子，孩子一旦傷風發燒，我們是會驚惶失措的。最難忘的那趟，是女兒扮「暴龍」跌傷了後腦，進到醫院的時候，又嘔又吐，還失去記憶，連天天唱的「龍貓歌」也忘記得一乾二淨。

那時腦袋裏開始胡思亂想，「萬一孩子真的傷了腦，變得遲鈍怎辦？」「要不要為她找定後路，如進入某所特殊學校……」別笑我杞人憂天，年輕的我可是這樣一個「想得太多」，不折不扣的杞人。

仍記得孩子趟在醫院，不吃不喝的那個晚上，我一直向天父禱告，主啊，求祢醫治我所愛的女兒。感恩的是，天父聽禱告，孩子住了兩天就出院了。

滿以為孩子長大了、結婚了，我的憂慮就會停止。不，舉凡乖孫有何「頭暈身熱」，也包括中了新冠，我的心都會焦慮。只是，經歷了無數次的憂慮過後，開始逐漸懂得交託仰望，雖然心中偶有驚恐，還是抓緊主的手，學習篤定相信。

這也是我對信仰**從認知變成真實**的經歷。想想新約不少人物，當碰見耶穌的時候，都是把心底最深的渴望向祂陳明：

如瞎子見到耶穌，就說：「大衛的子孫，可憐我吧！」（路十八38）

如詩人面對強敵患難，會祈求：「神啊，求你憐憫我，憐憫我！因為我的心投靠你。我要投靠在你翅膀的蔭下，等到災害過去。」（詩五十七1）

當然，人對突如其來的事情就大呼小叫，緊張到不得了的另一個原因，就是覺得：事情只是發生在我身上，只有我這樣倒楣。但這是事實嗎？意思是：這真的單單是我們獨有的經歷？這是真實的情況嗎？有否憑據？

憂慮這頭怪獸，是經不起質疑的。雖然這頭怪獸看似狡猾，且不斷張牙舞爪，但只要拿出「憑據」，她就會變得虛弱，無話可說。

對應自己或所愛的人生病的憂慮，我的做法是：一天檢查報告還沒出來，就不要相信那些「無謂」的揣測（特別是從網上搜羅的資料，我們有時連出處也不知道就盡信，不是很傻嗎？）。

至於這是否「獨有」的經歷，走過人生數十年的歲月，現在回頭再看，有些憂慮是因為感覺「不如期望」，有些是因為「打亂了陣腳」，有些卻是害怕「失去摯愛至親」。眼前好友的所謂憂慮，只是跟本來的期望不符。但聽在耳裏，看在眼裏，也不能告訴對方：「這些只是過眼雲煙，很快沒事的！」

不。也要學習認同和接納，盼望他能接受人生有些事情，不能盡如己意，就學習「接受」，並從中學習逐步收起憂慮，**接納「退而求其次」**，也是一種「上好」的選擇。

憂慮這頭怪獸，是經不起質疑的。雖然這頭怪獸看似狡猾，且不斷張牙舞爪，但只要拿出「憑據」，她就會變得虛弱，無話可說。

憂慮十思

1 憂慮是一位讓我們愛恨交集的老友，看來會跟著我們一生一世。

2 憂慮在我們身心各部位都會「冒出頭來」，讓我們避無可避。

3 憂慮讓我們低頭專注那些想像出來還沒發生的問題，而不敢跟人有眼神接觸，生怕內心被人看穿。

4 我們憂慮三類事情：無法改變、可以改變、不能改變但可以調整心態的。

5 以怎樣的心態面對憂慮最重要，逃避、迎戰，還是將之冰封。

6 別以為對憂慮不理不睬冷對待，她會離我們而去，小心她會變本加厲，苦纏不休。

7 憂慮不能一下子除去，要一步步慢慢來，承認、接納甚至學習與之共存。

8 抓一兩句說到心坎的安慰鼓勵話，貼在案頭，心煩憂慮時看看，是一種迎向憂慮的正念實踐。

9 好好呼吸，專心看雲，聽聽雨聲，觀賞海浪，讓我們接近大自然，遠離憂慮。

10 昨天的憂慮已成過去，明天的憂慮還沒發生，專注仰望主活在當下，一天的憂慮一天擔就夠。

憂慮、掛心，總會湧上心頭。是嗎？

03

Be Yourself

想得太多不是未雨綢繆，一不小心就變成自討苦吃，思想上的自虐

太多的焦慮，最終變成心靈的負累，最後杞人憂天，惶惶不可終日。要為自己立一個止憂點，告訴自己：到此為止，別再多想，自尋煩惱。

我是個愛胡思亂想的人。

說得好聽點，是充滿想像力。年幼的日子，覺得上課好悶，看著窗外的落葉，心中就會傷春悲秋，寫下自憐的句子文章，用來宣洩個人的情緒。

跟著，進入人生的另一階段：結婚、生孩子、到不熟悉的地方居住與服事，還有父母相繼返天家等等。每一個人生的關口，都要面對未知與意料之外，那種即時反應的措手不及，手足無措的感覺，至今仍歷歷在目。

就算多樂觀豁達的人，面對了這些意外傷亡，總會多想，甚至遇見危難，就會把事情想到最糟糕的地步。

就像近日要做全身的**身體檢查**，是一直想逃避的事。直到家庭醫生打電話來，才無奈地答應。還記得那天，本打算只做一個簡單的血液檢查，怎知醫生一問，知道我身體各部位的檢查多年沒做，堅持要我去做。

想來，知道她也是「為了我好」，只有半推半就聽從。

每到一所檢驗室，腦袋就會出現「如果真的驗出甚麼毛病，怎辦？」然後，就會忍不住上網，找找那個器官出現「癌症」的徵兆。這個舉動讓我愈看愈「心寒」，不知怎的，身體上的不適怎麼跟網上的描述這樣相近？

不，不，不可以再看下去。我按下了心理上的這個「暫停」按鈕，因為知道這樣追查下去，會變成「自己嚇自己」。

其實檢查後更難耐的，是「等待報告」。日子一天一天地過去，怎麼醫生那邊還沒有消息？是我的病情嚴重？還是沒有問題……

「沒有消息就是好消息（no news is good news）。」身邊的人這樣安慰我。

日子一天接一天過去，仍是沒有消息。

但我告訴自己，日子要照常過。早上，依然堅持安靜默想。這天，無意中看到好友去了約旦及以色列旅行，在古城佩特拉（Petra）騎在馬上英姿凜然的照片。

想起多年前我在那兒騎馬的驚險過程。話說那趟是我跟外子當旅行團的主要講員（帶的是以色列團），坐了一整夜的飛機抵達的第一站就是佩特拉。那刻，我仍帶著惺忪的睡眼，嘗試適應時差，就被導遊安排騎馬進古城去。本以為是坐在馬上漫步，萬沒想到那是頭奔騰的壯馬，在馬上的我緊拉著韁繩，身體東歪西倒，心中驚惶失措。

心想：「**我快要墮馬了！耶穌，救我！**」

這個時候，突然冒起了一個意念（或是聲音）：「你要向山舉目！」

我就把眼睛往上一看，竟是一系列壯觀的山嶺。

「你的幫助從我而來！」這是聽到的第二把聲音。聽到的那刻，心中充滿了平安，雖然胯下的馬仍在快步奔馳。

「你的生命在我手中，你不要懼怕！」這句話我聽到的竟然是普通話。

「主啊！祢是否告訴我，我的生命在祢手中？」沒聽到回應，但心底早把這句話當是主向我的安撫與鼓勵。

這時，腦海中出現的，是昔日看武俠片那些劍客騎馬的畫面。他們是拉著韁繩站著，身體隨著馬兒的跑動而上而下，很有節奏。接著，我仿效他們的騎法，一上一下地移動身體，竟也像跟著馬兒的節奏往前奔。

「師母，沒想到你的馬術這樣厲害！」旁邊走過的團友，發出這樣的讚歎。他們怎麼曉得，我對騎術一竅不通，心中更是怕得要死。

這是至今仍歷歷在目，感覺與神相遇的一個畫面。是的，我的生命在祂手中，還有甚麼值得擔憂懼怕的呢？

其實，身體的擔憂是一回事，更難處理的，是**思想上的腦交戰**。所謂的想得太多，常常是思想上的一些盲點缺點，甚至是一些障礙的想法。

如非此即彼，就是說不是好人就一定是壞人。但耶穌的胸襟卻是闊得多，還記得耶穌所愛的門徒約翰，像是向耶穌講「是非」：「夫子，我們看見一個人奉你的名趕鬼，我們就禁止他，因為他不與我們一同跟從你。」（路九49）他萬沒料到耶穌的回應竟然是：「不要禁止他；因為不敵擋你們的，就是幫助你們的。」（路九50）不敵擋就是幫助，這個助人者的圈有多大，真的難以想像。

又比如說由「情緒主導」。今天心情不好，就覺得天塌下來，把所有發生的事情（包括好事）也想像成壞事。最常見的就是媽媽罵孩子，孩子某天拿到分數平平的成績表，媽媽說「沒關係，下次努力點就可以！」怎料到另一天，孩子拿到八十五分，媽媽竟然罵他：「怎麼這樣不小心，錯那些不該錯的，氣死我了……」原來媽媽在公司被老闆痛罵，回到家中看到孩子的試卷，因為心情不好就把情緒發洩在兒子身上。

這類的想像最磨人，而不斷往壞處推想，久而久之更是積習難改。所以趁著醒覺的當下，奉勸各位，當機立斷，就是斷了這根胡亂多想的鎖鏈，狠狠跟自己說：「別想下去！因為結果如何，我們真的不知道！」

其實，生活的例子也屢屢告誡我們，再想下去也沒好結果。何必浪費時間與心力呢？

我的生命在祂手中，
還有甚麼值得擔憂懼怕的呢？

第一部

「別多想」十訣

1 請接納，人生有很多事情都難以理解。
2 想得太多的事可能是道聽塗説，無關痛癢，只會讓人分心的。
3 更多可能是你是你，我是我，看法不同，多想只會礙事。
4 別以為設想周全就萬無一失，忘了意料之外也是常態。
5 特別在沮喪的時候，很容易只往壞處看。
6 而在意外頻臨的當下，多思多想只會徒添驚惶。
7 很多時候，想得太多與胡思亂想，只是一線之差。
8 那就告訴自己：停了，夠了！別再自掘墳墓了！
9 那就提醒自己：放手，放心吧！他會自己處理的！
10 既然想不通，就讓我們常存謙卑的心，尊重人生的奧祕。

不斷往壞處推想，久而久之更是積習難改。所以趁著醒覺的當下，奉勸各位，當機立斷，就是斷了這根胡亂多想的鎖鏈，狠狠跟自己說：「別想下去！因為結果如何，我們真的不知道！」

04

Be Yourself

他只是我們人生劇場的路人甲，千萬別讓他變成主角

人生的驛站中，總有些覺得我們會發光發亮的人，
也有些不覺得我們怎麼樣的人。
若遇上前者，他們定是上主差來的天使，
若遇上後者，他們也不過是生命中的過客而已。

這天，在一個會議碰到第一次見面的她。遞上名片，她瞄了一眼，說：「我早聽過你的名字，雖然你不認識我！」

接著，拿到她的名片。一看，是「博士」，厲害的女人。

「其實，很多人都認識你，只不過你不認識我而已！」她一再強調。只不過我聽起來卻有一種酸溜溜的感覺，很不是味兒。

自問，也不是甚麼知名人物，頂多也是跟外子在近年當了YouTube的所謂網紅（KOL）。老實說，只有幾千個訂閱，也不怎麼紅嘛。「那裏，那裏！實在不敢當！」對著這樣莫名其妙的吹捧，當然要謙和回應。

很快就到開會時刻。萬沒想到的是，她的言論總是衝著我來。我贊成的，她提出反對。我嘗試附和她所說的，她卻說是我誤會了她的意思。一場會議下來，跟她真是道不同難以為謀，更感覺難以為友。

所以當大夥都在交換電話號碼的當下，我沒有反應。當然，她也沒走過來跟我再打交道。坦白說，那是一趟很不爽的相遇。

回家途中，我跟自己說：「**別奢望跟任何人都能做得成朋友**，每個人都有選擇朋友的權利啊！」絕對接受。

只是內心的好奇在蠢蠢欲動。回家立刻上網搜尋她的名字，始發覺她在業界是一位響噹噹的人物，只怪我「有眼不識泰山」，這也可能是她在會議上跟我「針鋒相對」的潛藏原因。

但我告訴自己，不要再在這問題上糾纏下去。只能說我們沒做朋友的緣分，而她只是我人生劇場的路人甲而已，很快我就會把她忘得一乾而淨，不當一回事了。

這就是我一直安慰自己的**「路人甲」理念**。

不錯，在我們的人生之中，出現過不少「路人甲」。意思是這些人只是我們生命中的過客，很快便會消失的。我們何必因為他們一個輕蔑的眼神，一句聽起來是「客氣卻是很不客氣」的話，就耿耿於懷，視之為心頭大石。

這些路人甲，有時是出於看我們不順眼，有時是他們生性如此，語不「刺」人誓不休。

記得多少年前，朋友就叫我小心小麗。因為小麗為人十分小器，很容易惹怒的。只是年輕的我很不「識趣」，偏偏愛招惹這樣的人，滿以為自己的溝通功力到家，小麗可以跟我做好朋友。怎知交往了幾個回合，我就被小麗踢出朋友圈。原因只有一個：我失約了！雖然那是約了很久的午餐約會，但當天我有突發的緊急公事要辦，逼不得已臨時失約。怎知她就是覺得我不重視跟她的交往，從此不相往來。

其實，生平最怕那些看見我名字就說「早聽過你大名」的人，因為這句話聽起來是讚賞，但還要看對方的語氣眼神。見過一個他拿著我的名片，看也不看我一眼便說：「羅乃萱，我知道你是誰！」老兄，我只是遞上名片，也沒多講甚麼，用不著那樣大反應！

更試過有一趟，對方是知名人士，我還是剛在自己的事工起步沒多久。在某個場合中聞說他會出現，帶著滿腔熱情跟他打招呼。怎知換來的卻是一個冷面，甚至連我伸出來想握的手也擺出一副愛理不理的模樣，嚇得我立即把手縮回。

不過更有趣的，是在一個論壇上碰到了另一位路人乙。她是教育界名人，我有幸成為被邀的講者，跟她同台。見到她跟身邊各大校長打招呼，我也伸手準備跟對方來個招呼之禮。萬沒想到，她把一支筆放在我手上。

「你伸出手來，要筆嗎？你拿去吧！」我登時不知道如何回應，啞口無言。

這些畫面我以為早忘掉，但因為要寫這篇稿子，才從塵封的回憶箱子中找了出來。當然，在被人不重視，不回應，甚至不願握手的那刻，感覺是難受的。心想，就算不把我當朋友，給個面子握一下手嘛！但對方就是連這點面子都不給，那又能怎樣……

答案就是：不怎麼樣，更不要把對方當作一回事。

雖然，事過境遷，也曾作出自我檢討：是否自己太囂張得罪了人而不自知？是否自己禮貌不周讓人家不被尊重？是否自己真的説了些討人厭的話……

真的沒有。因為這些路人甲都是素未謀面，大家交談都不到幾句，而是一「交手」就「交惡」的人。對於這些際遇，只能説：

既然彼此道不同，臭味不相投，又何必惺惺作態來個禮貌招呼？

既然對方不給面子，我又何必抓破臉皮只為求對方握一次手？

既然在人生的棧道上，只是匆匆一會，大家都是彼此的過客，一個不交往不足惜的路人甲，實在不需要因此而放在心上，甚至想得太多而自責。她／他只是我們生命中的「茄哩啡」，無必要讓他們變成主角啊！

保持距離的十種朋友

1 **只懂奉承**：愛把你抬到天高的，同樣會把你摔得遍體鱗傷。

2 **貪圖便宜**：無事不登三寶殿，有事相求一定要你「著數」。

3 **代你發言**：你從沒吩咐，對方就恃熟賣熟，充當你的「代言人」，其實是「冒牌」與「冒名」的。

4 **得寸進尺**：本以為他做人很有分寸，後來才發覺開始給的只是甜頭，會逐步進迫的。

5 **嫉妒攻心**：妒忌你的成功，散播中傷的謠言。

6 **過河拆橋**：代他搭通人脈，成就美事後，卻翻臉不認人之輩。

7 **口不對心**：表面說得多漂亮，但沒有下文，更不會執行。

8 **據為己有**：他以為是你密友，所以將你的密友也當成他的密友，是同儕圈的掠奪者。

9 **暗箭傷人**：以為是友好，原來打聽你的私隱後收藏為「暗箭」，伺機傷害對他完全信任的你。

10

假冒為善：明明心藏惡念，卻用善意包裝，對人處事都機關算盡，上主早看在眼裏。

既然彼此道不同，臭味不相投，又何必惺惺作態來個禮貌招呼？既然對方不給面子，我又何必抓破臉皮只為求對方握一次手？既然在人生的棧道上，只是匆匆一會，大家都是彼此的過客，一個不交往不足惜的路人甲，實在不需要因此而放在心上，甚至想得太多而自責。

05

Be Yourself

人家欣不欣賞沒關係，只要自己知道自己的角色定位就夠

怎說怎做都會有人不欣賞，
但那又如何，我們實在無法討好全世界！
懂得欣賞別人的人，才會進步。
總是瞧不起別人的人，最終也會被人瞧不起。

從沒想過，一個沒有甚麼背景的人，竟能在開始另一條人生航道時，可以踏足政府的委員會。

二〇〇一，還記得第一個參與的是廉署的社區關係及市民諮詢委員會。認識了一些商界、教育界等各界的翹楚，更可喜的是遇到一羣有心有力的廉署同事。每趟開會都是花盡心思，希望把廉潔的信息帶給社區，還有莘莘學子與香港的家庭。

這些會議都是有規有矩，大家發言時都要言之有物。對我來說，更是一個良好的鍛鍊，讓我學習怎樣在幾分鐘內把要說的話都講得清晰明瞭。會前怎樣把文件看幾遍，想想在會議中可以表達的，或隨著與會各人發表的意見加點個人看法。而且在會議中，更可細心觀察主席的帶領引導，這些都是教室內未必學到的人生智慧。

會議過後，就是跟不同人的交往連結。

記得有趟，被主席約見，深感榮幸。在那所大學的餐廳內，我們談到怎樣向孩子灌輸德育的理念，主席給了我很多理論的指引。我嘛，當然把坊間做家長教育的所見所聞跟他分享。

政府的委員會都是六年一任。過了六年，我們這羣相熟的委員就要各散東西，不知何年何日再會。所以事隔多年，某天在另一個委員會再見到主席，就生了一種「他鄉遇故知」的喜悅。

屈指一算，從二〇〇一年至今，已經參與過政府將近十五個委員會。看過無數文件，也批閱不少款項的申請，當然也參與過無數的推廣活動。

在這些會議中，也見盡人生百態。

坦白說，在這些委員會中，有欣賞你的，也有不欣賞你的人。有常常徵詢你的意見，也有「連招呼也懶得跟你打」的。有把你放在主席旁邊位置，將你看重的，也有特意把你的座位排在門口，好像準備你隨時被摒棄似的。

那又如何？還記得有趟，我被引薦到那位主席面前，怎知她「側過臉」拿了名片，轉頭就走，連招呼也沒打。

哈哈，那又怎樣？就是一種「當你無到」的打招呼方式。甚麼人情冷暖，也在這些會議中一一品嘗。

好友聽到我的經歷，就會問：「這些不是很花時間嗎？為何仍要留下？」一來我是一個貫徹始終的人，既然答應了，就要做到退任。二來，雖然有人不欣賞，但總有人會跟我臭味相投、志同道合的。我相信：有麝自然香。我更相信，**花若盛開，蝴蝶自來**。

自己知自己事。一直覺得，沒有選擇多讀一個學位，是因為投入這些委員會花掉很多時間，還不如好好把握這些機會去審時度勢，學習怎樣待人處事。

而上主讓我在這些委員會有分，我的角色就是：作鹽作光作橋。

作鹽，就是調和。特別在一些劍拔弩張的會議中，嘗試提出可行的共識方案。換句話說，就是嘗試當「和事婆」。我還記得那些年，常說的一句話是：「畢竟，我們是同坐一條船的。」

作光，就是把正面的信息，帶給身邊的人。閱讀與傳遞正向信息乃我的執著，所以，我是無所不用其極地推廣。深深相信，閱讀應該從幼兒開始，讓孩子自幼培養閱讀的興趣。至於正向的信息，不是麻木說好，而是當人處身黑暗之中，就自然會去找光，即使那光是多微弱。沒想過在這些委員會中，也碰見不少因著家庭變故，身心俱創的「同僚」，我樂意當他們的「樹洞」，嘗試陪伴他們在「不足為外人道」的困境中，鼓勵他向著光的方向走。

作橋，那根本就是我的本性。把需要的，跟樂意提供的兩者連在一起。由於本人愛交新朋友，也喜歡將不同的朋友聯繫起來。所以，我的午餐有很多是三至四人的飯局，把身邊的朋友連結起來。看著他們吃過一頓飯之後，就成了莫逆，我就樂哉！

「若你提的意見，主席都不接納，連提也不提，怎辦？」友人有天問我。

這也正是我碰過的狀況。

首先，別難過！此處不聽人，自有聽人處。我是個愛跳出框框的人，所以有時在會議上的發言是「不受框框所控」，當然更非「主席那杯茶」。他對我的意見不聞不問，那又如何？可以跟給意見的那個單位試試繼續給意見，試過多少趟，所提的意見當局者不領情，怎知主事單位（就是委員會要給意見的那個主體）的人聽了，竟照著去做。那不就行了嗎？總之，一個好的意見，有人聽了去執行就是。是否我提出？主席是否聽？都不重要了。

其次，有好幾次我們一干人等，感覺主席不採納意見，咱們幾個就相約吃飯繼續討論，看看在各自的領域上，有否把意見實踐的可能。

總覺得，人與人之間的相知相交是很微妙的。我是這樣的人，就會吸引同類型的人，在會後再約吃飯，繼續交往。

感恩的是，二十多年的開會經驗，除了讓我學懂怎樣開會發言，更學懂了不少人情世故。說真的，多了很多 common sense，知道何時該開口何時該閉嘴，更開心結交了不少趣味相投的好朋友。雖然如今已離開委員會，但大家見面仍是朋友，無所不談。

與其說我在這些委員會花了很多時間，不如說我在這兒學到很多，遠超過我所付出的時間與精力。看來，我是大賺了！

雖然有人不欣賞，但總有人會跟我臭味相投、志同道合的。我相信：有麝自然香。我更相信，花若盛開，蝴蝶自來。

看好自己十想

1 這個世界有人看好你，有人看扁你，不足為奇。

2 看好你的人多，要更努力，別自滿。

3 看扁你的人多，要信自己，別放棄。

4 看好自己，不是從別人的眼光，而是一種深切反思的自知。

5 知道自己的長處優點與夢想，就不用理他人的指指點點「嘴上傷」。

6 理由很簡單，你是你我是我，最清楚自己是誰的也是我。

7 看好自己也有「看管」之意，要保守自己的心不被閒言侵蝕。

8 看好自己就是欣賞自己、支持自己，在低谷時更加要自我激勵。

9 看好別人，更是一種難得的胸襟，開心見到別人好，自己也更快樂。

10 主看顧我們，也看好我們，因為我們是被祂造的。

第 二 部

練習告別，這原是生命的常態

06

Be Yourself

不再緬懷過去曾經一起的歲月，而是明白認識有時，離別有時

離別有時，但我們往往質疑是否現在？
有些關係離別了更覺輕鬆，你有嗎？
離開了沒關係，因為這才能在心中騰出空間去迎接新的關係。
離別也敲醒了我們，甚麼該珍惜甚麼該捨棄。

這天，接到她的短訊：「感謝你過去的付出與關愛，是時候跟你說再見了！」

讀到這句，我愣住了。她到底想表達甚麼？沒聽聞她移民，這樣說再見好奇怪啊！這到底意味著甚麼，是暗示一段關係的斷裂嗎？

也許是吧！

我的思緒開始追溯這些日子寫給她的問候短訊，都是「已讀不回」，就算回覆，也是一個「拱手」的 emoji 符號。甚至有一趟，因為安靜禱告想起她，便隨心傳了一個短訊：「今早禱告想起妳，你安好嗎？」

反應仍是一樣：已讀不回。

為甚麼我們的關係會變成這樣？是彼此有甚麼誤會嗎？為何我多次提出邀約午膳，她都以工作忙碌推卻，連見一面也不願意似的……

沒想過，接二連三也碰到類近的**人際斷捨離情節**。

又如聽説已移居外地、久未聯繫的她父親猝逝，立刻傳了一個短訊：「知道你爸爸去世的消息，甚為掛念，願主的安慰臨在你一家啊！」反應又是：已讀不回。

這些她或那個她，都是我生命中曾駐足與久留的好同伴；也曾深深相信，時間與距離都不能阻隔彼此的友情。

原來不是真的。

年輕的日子，碰到這些情況，我會鍥而不捨地追問，大概是心有不甘，希望對方能給關係的斷裂來一個水落石出的「説法」。

那時候真的太天真了，滿以為誤會若經過解釋，疏離若來一趟掏心掏肺的交流，彼此的關係又可「回到從前」。碰過多次壁，被拒絕多次之後，才痛定思痛，深切明白生命中有些關係是就算費盡多少心思，也挽回不了的。

記得在網頁把這些感覺化成文字與網友分享時，收到不少回響。有些「心水清」的知道，我不是隨隨便便堆砌這些文字，而是心有所感所痛的，而她們也毫無吝惜將她們的慘痛經驗與我分享。

曾經，因為這些無緣無故的道別，耿耿於懷。為甚麼她可以這樣冷待我曾經的付出？為甚麼她連告別一聲也省了……

但若真的問到她心底的答案，**我願意聽，樂意接受嗎？**

如果她說，我們緣盡了！

如果她說，我曾經需要妳，但現在不需要了！

如果她說，我不能接受現在的你，所以選擇悄然引退……

不知道，也不敢想像。

也許，她這樣選擇告別，是為了保護我，而不是傷害，也為彼此的關係留有餘地，也保持著一份神祕感。

不知怎的，在這類關係反思的當下，讓我憶起與另一個她的塵封片段：

還記得她特意走到辦公室探望我，告知即將移居外地。正當我帶著深深的不捨，希望為她餞別，怎知她卻連連說「不」。

「我很忙，實在沒有時間，所以特地上來跟妳說再見！」

起初不以為意，後來才知道，她接受了不少朋友的餞行。但對我的邀約卻斷然拒絕。往後的日子，她也杳無音訊，像人間蒸發似的。

也許，她這樣離開，是她對友情的選擇。既然如此，我就得尊重她的選擇。正如我自己，也會選擇跟一些朋友相熟，一些朋友疏遠，也會對一些人的短訊「已讀不回」。

一段關係，總會有開始，也有結束。就像一齣電影，總有落幕的時候，雖然我們都害怕接受 ending。這是人過中年，愈來愈明白的功課。特別是感覺時日無多，很多事情都想做但做不來，很多友情想維繫但一天只有二十四小時根本不夠用，只能斷捨離的割愛，不能像年輕歲月般任性不顧一切了。

也許，午夜夢迴曾想過：「你怎麼好像忘記往昔那些推心置腹的交談？而我為這段友情也付出很多啊！」但那一刻，卻猝然醒悟：「我所付出的，是否真的是你想要的嗎？」

而更重要的，是我怎樣看待這段「割掉」的關係。覺得自己被辜負，被利用，被遺棄？還是相信萬物都有定時，**認識有時，疏遠有時**，分開也是時候？

更需要反思的，是前者這種怪責與貶抑自己的行徑，對自己一點好處都沒有。再執著於怪罪自己的話，早晚會墮入抑鬱的深淵啊！

想到這裏，我溫柔地對自己說：「走了就是走了，不要再糾纏！」我更深深相信：「好戲在後頭！」就是在往後的人生旅途上，只要我仍願意打開心扉，仍相信友情，上主總會讓我遇上更好的，更有共鳴的朋友！

至於那些她、她、她，深深感謝她曾經的付出同行，也祝福她們未來的人生路上，會遇上比我更適合的友伴啊！

滿以為誤會若經過解釋，疏離若來一趟掏心掏肺的交流，彼此的關係又可「回到從前」。碰過多次壁，被拒絕多次之後，才痛定思痛，深切明白生命中有些關係是就算費盡多少心思，也挽回不了的。

十個關係斷捨離的反思

1 那些已讀不回的短訊，其實已是一個該好好考慮要「斷捨離」的明證。
2 到處拿著跟我們的關係來「收買」其他關係的所謂「朋友」，要小心。
3 每趟關係出現問題心也傷了，但到頭來道歉挽回，沒多久又再故技重施的，再想想是否該花時間交往（或淺交就好）。
4 那些一開始過分熱情吹捧的「埋身客」，還是放長時間觀察看看，不要貿然墮入「深交」的圈套。
5 那些怎樣死纏對方也不理會的「關係」，還是放手吧！
6 面對忽冷忽熱的人，若真要維持關係，就要調整自己心態。
7 別隨便把自己的人脈給一個不大認識的人，最終吃虧的是自己。
8 總是覺得，有些關係是有保存期限的，過了就會發臭腐爛。
9 要把那些如纏腳布般「不堪回首」的關係砍掉，因為人生苦短啊！
10 每天求主保護我們的心，聽從聖靈的帶領，就可以安心跟人交往。

離開了沒關係，因為這才能在心中騰出空間去迎接新的關係。

07

Be Yourself

對著翻臉不認人的你，我會選擇毅然告別

人生路上，誰不會碰到過跟人之間的關係疏離破損？
但不是每一段關係都如願以償可以挽回的。
有些時候，碰到本來深交卻翻臉不認的，
也會跟自己說：「沒關係！」

被邀去一個飯局，整桌的人我都不大認識，惟一知道的，是曾經相熟卻已多年不見的你。

是的，多年沒見了，你別來無恙嗎？這是我藏在心底的問題。只是，一直等呀等，很多大人物都出現了，惟獨沒見到你！

他們說：你正趕路過來！好啊，就等吧！

終於，見到一頭紅髮，臉容繃緊的你來了，坐在席間最後一個座位，正正在我的對面。

你坐下的那刻，我怔怔看著你，你卻視若無睹，不斷跟旁邊的陌生人打交道。心思細膩的我，見到你的反應，感覺很不好受。就在那刻，那些年跟你的交往，全都浮現在腦海了。

還記得你剛出道，想找一位生命的師傅。於是那趟到學校主持講座時，作為老師的你主動走過來跟我打招呼。

「你好，我是ＸＸＸ，這兒的老師。很欣賞你的工作，很想跟你交個朋友。可以將你的手提號碼給我嗎？」

記得做過一個心理測驗，測試我的人際距離，我選的答案就是「沒有甚麼距離感的人」。形容這類人的個性是：「開朗、精力充沛，甚至有點厚臉皮的，和誰都能馬上成為好朋友……」嘩！全中！

所以，見到你這樣盛意拳拳，我又怎敢說「不」這樣不近人情呢！交換了電話號碼，也開始了一兩個月見一次面的「恆常聯繫」。

有時，你主動約我，有時，我主動約你。你對教育提出很多問題，而且愛一直追問下去，問到一個地步，我已不懂回答。對你，我較少提問，有時只是閒話家常，聊聊孩子，就過了一頓飯。

怎樣形容我們的相交？不算緊密，也不疏離。但無論怎樣，總以為是朋友，更何況你說過，你想走我走的路。

直到那趟，我在另一所學校主持講座，沒想到你靜悄悄地坐在最後排，一直低頭在抄筆記。講座完畢，我一個箭步衝過去想抓住機會跟打招呼，你已經不知影蹤。嘗試電話留言，你卻是杳無音訊。

那時在想，我們之間會否有甚麼誤會？為何好端端的兩個月一次的約會無疾而終……心中有許多的不解，但聞說你已經踏上夢想之路，且愈走愈順利，在行內也頗有名氣。心想如果有天碰見，一定要約你出來聊聊近況啊！

怎知，疫情肆虐，人人都不敢外出的那些日子，我們就像中斷來往似的。心中沒有記掛，臉書也沒有彼此 like 了，情誼早淡。只是，有時想起，仍會有絲絲掛念。

所以這趟當我知悉赴約名單中，出現你的名字時，心中是雀躍的。赴會之前，還想像跟你十年沒見，你會是怎樣的模樣？到時就來個再續前緣，大家留下聯絡，不就行了嗎？

萬沒想到，眼前的你卻是如此冷若冰霜，看也不看我一眼，形同陌路。散席的那刻，帶著點不解與不甘心，又趕緊上前，遞上最新的名片，沒料到你的反應卻是那麼始料不及：「你以前給過我了，不用了！」

「這是最新的，你拿著吧！」見你滿臉勉強，不情不願地收下了。

「請給我你的名片，可以嗎？」你的身早已轉至另一位朋友，我幾乎用喊的聲調把正準備遠走的你喚回來。

「不是以前曾給過你嗎？都沒改動啊！」

「再給我吧！我丟失了！」這是真話，沒騙你的。只見你很無奈遞上名片，連多一句交談也沒時間似的，絕塵而去。

看著你的背影，想起那番冷酷的對答，深深明白彼此之間那道「友誼」的橋樑已出現很大的裂痕，根本難以修補。

難道，你真的把過去那份情誼拋諸腦後？難道你忘了在你迷茫的日子，我曾在身邊的扶持安慰……

是的，過去已成過去，無法追憶。回到家中，思前想後，決定把這段日子放在一個冰封的記憶箱子，擱置一旁。雖然心中有很多問號，若是過往的自己，一定會窮追猛問，想多知道為何關係會變質，難道真的不可挽回嗎？

但現在的我，會告訴自己：放手吧！既然人家已表明態度，我又何必強人所難！**不追問，不糾纏，讓你走你喜歡的路，跟你喜歡的人聯繫**，就是最好的回應。

怎料，一打開臉書，竟浮現出你的行蹤。瞄了一眼，我知道該是時候，做個了斷，unfriend，將你拋出交友圈外。因為知道彼此連 like 的意願都消失了，還假惺惺把你當成是臉書的朋友，不是很虛偽嗎？

曾經把你當成好友，甚至傾囊相授所知所學，沒想到這一天見到你來個翻臉不認人，我也只有毅然告別，從此不相拖欠……

放手吧！既然人家已表明態度，我又何必強人所難！不追問，不糾纏，讓你走你喜歡的路，跟你喜歡的人聯繫，就是最好的回應。

忘恩念恩十思

1 忘恩負義的人很難自覺，但旁人是看到的。
2 念恩的人會懂得感恩，甚至會想到如何報恩。
3 施恩莫望報是最瀟灑的，但對那些拿了好處就消失得無影無蹤的人，還是會耿耿於懷啊！
4 忘恩的人最擅長的伎倆之一，就是「過橋抽板」，不得不防！
5 人生最難能可貴的就是碰到一見如故把你當深交，特別是一個短訊就會跑過來陪你喝茶的好友，總叫人念念不忘。
6 忘恩的人愛找一個轉身離開的堂皇藉口，不用爭辯，由他吧！
7 受過忘恩的人帶來的傷痛，就告誡自己：千萬別學他那樣對人！
8 念恩是一種美德，發個短訊問候一下幫助過我們的人吧！
9 沒有人是應該幫我們的，特別是那些一問就義不容辭的人。
10 當我們懂得數算上主的恩典，會讓我們更懂得感恩，遠離忘恩。

人生路上，誰不會碰到過
跟人之間的關係疏離破損？

08

Be Yourself

不要跟反覆無常的人太多交往，否則痛苦的是自己

執著於關懷別人，卻忽視自己的需要，這種關懷容易變質成為「情感勒索」。特別小心那些所謂「不顧一切」的執著，最後會把我們整得「一無所有」。

這天，又見到沮喪的她，一副楚楚可憐的樣子。

「又跟老公吵架了！他說我不懂他的心，又不體諒他工作的辛勞。我一直嘗試體諒啊！」

「那真好！你有嘗試表達讓他知道你的體諒嗎？」

「有啊！我讀了不少有關溝通的書，也嘗試將當中的理論變成行動，好像不斷跟他說『我明白他』，但他一點改變都沒有啊……」

那個下午，我感覺自己像一個「樹洞」，將她對丈夫、朋友、同事的數落，都全數「吞」了。

「好感謝你對我的關懷，我有需要的時候，可以找你談談嗎？」

「可以的！但也要看我是否有空啊！」雖然嘴巴願意，但心裏卻感覺為難。

像她這樣不斷埋怨，數落別人的女子，見過不少。但更可怕的是，她可以這邊廂無盡感激，那邊廂卻把待她如摯友的我「直斥痛擊」，那刻，才讓人感覺難受。

還記得這樣一個畫面，跟她同在某個場合，滿以為當眾人質疑我的「行動」時，受過關懷的她會挺身而出，為好友說幾句好話，怎知她卻是語出刻薄，還帶著幾分落井下石的笑謔。

後來跟同樣遭遇的摯友談起，她一臉同情的説：

「千萬別跟這類反覆無常的朋友交往，更不要對他有任何期望，因為最終受傷的是自己……」

有沒有交過這樣的朋友，一時對你熱情如火，一時又會對你冷若冰霜。

有時候，她會扮作楚楚可憐，讓你大發憐憫。但有些時候，卻語出傷人，冷箭是對準你，發了一枝接一枝，又毫無自知之明的……

友人這樣的描述，真是精彩貼切。

「對，對，就是這樣！」

不錯，每個人都可以有情緒，有喜怒哀愁，但問題是，有人藉著自己的情緒來控制別人的情緒，以失控或不可理喻的回應來操控一個本著善良關心他的朋友，這就需要正視了。

「可以讓對方明白這對情誼會帶來無法挽回的傷害嗎？」

「不敢樂觀，也不寄予厚望。因為這類反覆無常的人，常覺得是對方的問題，自己一點問題都沒有。」

說的也是。

也許，從心理學的角度來說，**這就叫做「情緒勒索」**。那就是他們用直接或間接的說話（如要求、哀求、威脅，例子就是**「我這樣要求都是為你好」**）來要求我們達到他想要的目的，而我們這些「被要求」的對象，總會盡力幫他，甚至白白犧牲了自己的需求（如時間、金錢、精力，或無形的需要：如自己也需要「被關注」、「被鼓勵」）。

說來，這類反覆無常的人，通常都有某些特點：

喜歡爭拗，而且總是覺得自己是對的，所以會不惜一切把事情由曲變為直，把自己的「非」說成「是」。曾經嘗試跟這類人爭辯過的就知道，就算你怎樣曉以大義，他也不覺得是一回事。

思想與格局狹隘，只從個人的接觸與處境評論事情，不會也不懂看大格局。有時甚至覺得，他的看法與處事待人的法則，就是別人都要服從的「規矩」。

按情緒而選擇回應。意思就是，「如果今天本小姐開心，對甚麼事情都可以網開一面」，「如果大小姐不高興，就會對任何事情都看不順眼，跟她共事的都會遭殃」。他們的是非價值與判斷，完全受個人的喜怒哀憂影響。

謝謝老友精闢的分析。反覆無常的人，不是不可交，但要視乎個人的成熟度與承擔的極限。如果是敏感的、善良的、又脆弱的如我（哈哈！），還是保持距離，敷衍了事就好，千萬別投放過多時間。因為有天你會發現，所付出的關心愛顧，對方根本不屑一顧。

至於怎樣敷衍？就是對他的論點或處境既不提出太多建議，在他訴說自己不堪處境時，唯唯諾諾就是，不要多說。更不要主動走多一步去關懷，寧願退後幾步，靜觀其變。免得他見到你想關心，又進一步要脅或濫用你的「同情」。

「但最要命的，是兩個巴掌才拍得響。發生這樣糾結的關係，通常是一個願打，一個願捱，總是『你情我願』。」

一語雙關，中了要害。

是啊！會否有些時候，因為**習慣了這種控制與被控制的交往模式**，就習以為常，覺得這就是「彼此相愛」，而且從沒想過，這是一種變相的「彼此傷害」？

有多少時候，心中覺得隱隱作痛，或者覺得有甚麼不對勁，但因為懼怕「改變」、害怕「得罪對方」，就讓關係一直勉強維持下去？

有多少時候，滿以為自己可以硬著心腸疏遠對方，但見到對方那副「愁眉苦臉」的樣子，又狠不下心？

面對反覆無常的人，要把關係拉回正軌，需要很大的自我覺察與勇氣。

「當我第一次拒絕對方的糾纏時，需要很大的勇氣！但最後感覺良好，因為那是忠於自我的一個改變。」好友這樣鼓勵我。

謝謝你！我會嘗試，且會努力嘗試。求主幫助！

小心那些所謂
「不顧一切」的執著。

反覆無常十思

1 反覆無常就是一個人的情緒表達難以捉摸，讓人摸不著頭腦的。
2 跟反覆無常的人交往，會發覺昨天的他跟今天的他可以竟是兩個人似的。
3 一時熱情似火，一時冷若冰霜，是反覆無常的一種表現。
4 別輕信反覆無常的人的話，因為他們通常都是反口覆舌，出爾反爾。
5 反覆無常的人會把你的情緒弄得一時高漲，一時又會墮進深淵。
6 面對反覆無常的人，到底該相信當下的他，還是不信？
7 如果看重情誼的人，交了個反覆無常的朋友，心靈肯定會傷痕累累。
8 更大的問題是，反覆無常的人不覺得自己反覆，更不明白為何別人會疏遠他呢！
9 除非你的內心強大，否則不要把反覆無常的人當摯友。
10 反覆無常，心懷二意的人，難討主的喜悅，也不討人喜歡啊！

有多少時候，心中覺得隱隱作痛，或者覺得有甚麼不對勁，但因為懼怕「改變」、害怕「得罪對方」，就讓關係一直勉強維持下去？有多少時候，滿以為自己可以硬著心腸疏遠，但見到對方那副「愁眉苦臉」的樣子，又狠不下心？

09

Be Yourself

道不同不相為謀，如果無法挽回，更是時候瀟灑說再見

在朋友的棧道上，有來有回，
有離開有留下，原是常態。
做人，不能去得太盡，最好懂得留白。
瀟灑揮別遠去的「好友」，是善待彼此的告別方式。

一羣好久沒見的朋友聚餐。大家談得興高采烈之際，他忽然向我發出這樣一個問題：「你認識XX，跟他熟嗎？」

XX是城中名人，卻非我會相熟之輩。

「我跟他沒來往，連飯都沒吃過，一點都不熟。」如實相告。

「那就好了，我跟他也不熟，從沒來往！」看樣子，他好像鬆了一口氣。

「哈哈！千萬別跟他交往，他這種人，無事不登三寶殿。找得你，一定覺得你有利用價值。」沒想到一直沉默的他，也加一把嘴。

屈指一算，跟這桌的人分別認識相交一段蠻長的日子。有的是識於微時，有的是開會時發覺站在同一陣線，有的是一次見面就發覺臭味相投。總之，就是投緣的一羣。

只是，我們不常見面。偶一見面，便會談過沒完。如今覺得這種

「可見可不見」的情誼，比年輕時那種朝朝暮暮「糖黐豆」般的友情實在多了。

以前，總是認為四海之內皆朋友，跟誰都可以交往，最重要的是志同道合，加上你情我願，就要好起來。

怎知道彼此「志同道合」？在會議上過了兩三招，或在某場合常常遇上，加入過同一個興趣社團，或是同一機構的同事，住在附近的鄰居朋友……都是外在的環境因素。更重要的是彼此感覺投契，談不了幾句就發覺大家關心的事情相似，談話的頻道也相近，就開始相約午餐。沒想到一約對方就答應，絕對是心甘情願地交往，跟著談合作，愈合作愈合拍，深厚的友情就在這樣的見面合作中，不知不覺地建立起來。

有好些年，我就是這樣跟不同的朋友，維持著友誼關係。當中有一個月見幾次面的深交、有不常見面但一見面就剖心置腹的、有一見如故就成了好朋友的……曾經，我的友誼網絡是如此密集與充實。

然而，人——是——會——變——的。我跟他們都不例外。

志同道合可以演變成道不同，話不投機。當朋友告訴我，她變了，因受了某些影響，變了另一個人。所追求的、嚮往的、質疑的，都不一樣了。曾經相約見面，卻發覺沒有共同話題。談話中屢屢出現的「沉默」，還有常聽到那句「不用多提」的藉口，大家走到一個地步，就是有話不想說，寧願憋在心裏，也不想跟對方透露半句。

友人曾說：「兩個人交朋友，當一方感覺不想向另一方自我袒露，就是友情褪色的訊號。」所言甚是。不過也不要老怪對方，自己又何嘗不是變了，變得對朋友也開始「有要求」，俗語說的「揀擇」了。

那些斤斤計較的，免了。因為怕欠對方太多，還不完啊！

那些愛傳舌搬弄是非的，免了。因為他既然可以跟你數落好友A的不是，會否有天被數落的是自己？

那些只是飲飲食食，沒有一句真心話的，也免了。平日生活忙碌，心靈也沒有空間裝載過量的閒話。

至於那些所走的路，跟我南轅北轍的，免得就免。因為我無力（包括心力或牙力），叫她從向左走變成跟我向右走。同樣，縱使她費盡唇舌，也同樣不能說服我往她的方向走。既是如此，又何必苦苦相逼，不如給大家一點空間，疏遠一下，讓這緊張的關係鬆鬆綁，喘喘氣吧！

如今更是。隨著年華漸老，個人的精力有限，與其無差別地廣結朋友，不如把時間留給那些珍惜自己的人。

說到友情的斷捨離，總聽人說不知道怎樣取捨？那只是騙自己的話。其實，**我們都心中有數的**。該跟誰繼續交往，該跟誰作個了斷，那會不知道，只是仍有些不忍、不忿之情要好好處理。不忍是不想數十年的友情就這樣付諸流水，不忿是不甘心為對方付出這樣多對方卻毫不在意。

當然，也有一種朋友，就是彼此都沒有意願去挽回。幾個月了，沒通過一個電話，沒傳來任何問候，甚至試過相約外出，也總是遷就不到時間？漸漸地，你就發覺，對方已失去與你聯繫的興致，愈來愈淡漠了。

此時，最理智的做法是：知「冷」而退，不再糾纏，讓她遠去。感謝她曾與我共度的時光，感謝她在患難時伸出的援手。如今都過去了，那曾經有過的恩惠與情誼，就存記在心吧。然後，來一個瀟灑轉身，跟對方道別吧。

至於來日會否再見，或者再聯繫，只有上主知道。但千萬別惡言相向，因為不知道某年某月某日，她可以用我們也沒想過的方式，重臨我們的生活中。這絕對有可能的啊！

斷線十思

1 猝然發覺某些熟悉的人消失無蹤，已讀不回，都可能是斷線的先兆。

2 每一條斷了的線，都有蹤迹可尋，如彼此方向改變，價值取向有異。

3 仍然有心相繫的話，總可找到求同存異的相處方式。

4 若無心戀棧，就連多談多講都感到無謂。

5 別再提過去的惺惺相惜，志同道合，那些已成過眼雲煙。

6 就算告白內心難過又如何，對方早聽而不聞，視若無睹。

7 當曾經變成已經，當熟悉變得陌生，是時候瀟灑說再見了！

8 要知道，再拖泥帶水糾纏下去，是不會有結果的。

9 就當「甚麼都沒發生過」談何容易，念念不忘才是真情。

10 求主帶我們跨越這死蔭的絕情谷，也不怕遭害，因為祢與我們同在。

在朋友的棧道上，有來有回，
有離開有留下，原是常態。

10

Be Yourself

熱心待人不是不好，但有時反而會害了或累了別人

本來，熱心熱情都是一種美好的情操。
但任何事情，太多就是過度，
過度就是過了應有的界線。
意識到別人的得寸進尺，就要守住個人的界線。

今天，接到她的電話，又是一連串的近況報告與需求。留意到最後一句：

「我又走到人生一個絕望的階段，主會聽我禱告嗎？你覺得我可以怎麼做？」

是嗎？我該再像從前一樣，不問緣由為你窮盡我所有的人際關係網，然後告訴你出路有多條，任你選擇嗎？

坦白說，我不會了！因為我已經「悔改」了！

從前，我是那種「大發熱心」的人。身邊的朋友有難，我義不容辭挺身而出，挺之，助之，相當賣力。更重要的，是我不求回報。因為一直相信，既是朋友，就該鼎力相助，友情從來不是買賣，更不該要求對方的「回饋」、「回贈」。

但經過歲月的熬煉，人情的冷暖相待，才知道**過度熱情，是很有問**

題的。

一是熱情如火，感情冷漠的人會受不了，覺得遇上了「瘋子」。曾經試過一兩次，碰上素來冷若冰霜，情緒從不外洩的她，對方說了一兩句個人的「需要」，懵懂不知人心的我，竟迫不及待發出連環短訊，給對方多項建議。怎知，回覆的只有兩個「祈禱手」……然後，音訊全無。

那刻我才驚覺，會否自己的過度熱心，嚇怕或驚動了對方？記得雅歌中有這樣一句：

「耶路撒冷的眾女子啊，我指著羚羊或田野的母鹿囑咐你們：不要驚動、不要叫醒我所親愛的，等他自己情願。」（歌二7，三5，八4）

當然經文是指對所愛的，但套用在情誼上，也很合宜。

世上有兩種人：有快熱與慢熱的。快熱是指那些說話快，行動迅速，喜怒必形於色，不害怕與陌生人交談，也不吝惜與朋友分享自己「所有」的人。對談得來的人很容易萌生一種「一見如故」的親切，滿以為對方也是如此相待，是俗稱「大情大性」之人。

慢熱是指那些說話慢，行動慢，作決定慢，決定對方是否該交的朋友也要再三觀察考量。不會隨便與人交往，跟他深交更是難比登天，是行事為人都極其謹慎的人。

如果一個快熱的碰上一個慢熱的，慢熱的就會很容易被對方的熱情嚇窒，而快熱的若天真的以為，「熱情可以融化冷漠的心」，就是徹徹底底的不了解對方及「表錯情」了。

某些人的表情教曉了我，**對慢熱的人要平常心**，甚至冷落對待也無所謂。千萬別熱情洋溢，主動出手，對方反而會以為你在「大獻殷勤」，那才是真真正正的大誤會呢！

至於另一種，就是**過分「濫用」或「盜用」你熱情的朋友**。通常，在他們有需要時，都會先傳來短訊問候，到你問她近況如何時，她就會洋洋灑灑向你傾訴淒慘往事與近況，然後一副無助的樣子。那刻，心中的衝動就是：她碰上大難關了，一定要幫她張羅啊！

怎知道，當我們大費周章去為她張羅，給了她ABCD四個選項，還給了她連串的電話聯絡；滿以為她會感覺有人仗義拔刀相助，卻萬沒想到事隔一兩個星期，她的短訊停了，問她一句，回一個「祈禱手」。最後才知悉，給她的建議都被推翻了，她另有打算。

當然，也試過另一個情況，就是對方不斷有要求的需索，一關接一關地幫她闖過。難關過後，人就銷聲匿迹。然後隔了不多久，又會接到她的一個意外的來電，提到的都是遭逢不幸，面對人間的生老病死，好像我們成了她生命中一個「救生圈」。這樣的關係，有沒有問題？

絕對有。

因為個人的能力與見識有限，而且會否**養成一種「依賴性的求助」**？一遇上甚麼問題就找我們，活在繁忙生活中的你我，可以應付嗎？說到底，我們怎也不該是他有求必應的救世主啊！

以前，總覺得熱心助人是沒問題的。如今，發覺凡事過了某條界線，問題就會出現。

所以如今，面對這些「求助者」，我會審慎回應。總盼望他們可以自己試試找找不同的人幫忙，想想辦法。總是覺得，人生每天都會碰上難題，很多時候能解決的只有自己，更多時候，向掌管生命與洞悉人心的主禱告，比求人更「有效」。

多少次了，當我陷入**人際關係的迷陣**，有時被一些說話傷得難過不堪時，我選擇向主傾訴。有多少次不停流著眼淚的禱告，祂是聽的。

因為看見祂差派天使來安慰，讓我深深知道，祂從沒離棄，更常在我身邊。

當然，面對那些慢熱木無表情的人，就更要小心。用微笑打個招呼，可以，但不要太快自我披露，因為這不是他的「風格」(style)，尊重就是。切勿輕舉妄言呢！

俗語有云：助人為快樂之本。但用錯了方法，讓大家都不快樂，就不好了。

多少次了，當我陷入人際關係的迷陣，有時被一些說話傷得難過不堪時，我選擇向主傾訴。有多少次不停流著眼淚的禱告，祂是聽的。因為看見祂差派天使來安慰，讓我深深知道，祂從沒離棄，更常在我身邊。

熱心十思

1 內心總是藏著一團火般熱情的人，是可親的。
2 熱情的人很容易被別人的需要感動，變成有求必應。
3 熱情幫忙是好的，但也別被熱情沖昏了頭腦。
4 因為世界上有真正需要幫忙的，有濫用他人善意的。
5 出於熱心也是甘心的幫忙，通常沒想到回報。
6 但受過熱心人士恩惠的人，可記得要表達感謝啊！
7 真正的熱心，是不怕被潑冷水的。
8 每個人的時間精力有限，就去幫那些最想及最需要幫的人吧！
9 熱心不能常常處於沸騰狀態，有時也需要熄一下火歇歇。
10 求聖靈讓熱心的我們懂得分辨分配資源去幫助真正需要的人。

第三部

每一趟心靈的痛，都是一場人生的歷練

11

Be Yourself

不再悲從中來，而是懂得與哀哭的人同哭

流淚是一種在乎，背後藏著的是一份深情。
與哀哭的人同哭，
看到別人流淚，自己的淚也禁不住流下，
是同理，也是一種療癒。

曾經這樣說過：「世界上最疼我的人走了，日子不知道怎樣過。」那個人，就是我深愛且十分敬重的媽媽。

雖然，在年輕反叛的日子，我最怕的，也是她。

不准跟男孩子通電話，不許拍拖，也不許單獨出街。

仍然記得那趟，跟弟弟買了票想去看電影《兩小無猜》，主角麥理斯德是我鍾愛的男星(可能相當於現在的姜濤吧！)，但不知怎的她聽了三姑六婆的閒言，說看了這齣電影會導致孩子「離家出走」，就下令「禁看」。那種感覺當然不爽，也很不甘心，只好把兩張戲票壓在牀頭櫃的玻璃下，每天看著，告訴自己：「你不讓我看，我偏要看！」最終，只是心頭想想，卻沒膽量行出來。

跟母親關係的最大轉化，可是始於她信了耶穌之後。那時爸爸精神病的病情嚴重，常常在半夜無理地把媽媽吵醒，母親日間要打理股票公司的生意，回到家已經筋疲力盡，還要應付爸爸不時的無理取鬧。多少個晚上，我是聽到他們的吵罵聲而醒來的，看見媽媽怎樣努力制止爸爸做那些自毀的傻事，看在眼裏的我，痛在心底。

所以，當媽媽在一九九四年七月二日早上，因為中風離開我們，返了天家，我一方面深深的不捨，但另一方面卻覺得，這樣也好，她不用應付爸爸的晚間「突襲」，可以自由自在地被耶穌擁抱著。這是那些年，在腦海中為了撫平喪母的傷痛，自我安慰的畫面。

怎知道，失去母親在心靈中出現的那個「洞」，久久都無法填塞。有好一段日子，都不敢走過那些媽媽常去的地方、食肆。到另一段日子，卻頻頻想返回那些熟悉的街道、食肆，總是覺得，媽媽會夾雜在人羣中出現（雖然明知這是妄想），也勾起了跟她相處的片段。為了怕隨著年月遠去，遺忘了對母親的種種回憶，便隨手拿了一本厚厚的練習簿，記下了「憶起母親」的點滴。有空的時候，就會拿出來，眼泛淚光地讀著。

我不知道其他人失去至親的感受，會否像我這樣深刻。但在人生的旅途上，卻會碰上一些跟我喪親遭遇類似的。也因著跟他們的相遇與分享，讓我更了解「悲傷」是怎樣的一回事。

揭開「悲傷」的面目，才發現這是我們一直逃避的。親人在生的時候，不會也不敢去想。到親人離世，那種「悲從中來」的情緒，往往是在辦完安息禮拜，那些「安慰」的親友離開以後才出現。更遺憾的是，不少親友以為辦完喪事，哀傷就會結束，其實，那才是真正哀痛的開始。

也見過有些朋友，在辦完喪事後，便遠離朋友圈。後來才知道，他們是「不想麻煩別人」，成為別人的「負擔」。當然，他們身邊也有些朋友是不懂怎樣安慰，或覺得想「讓他一個人靜靜」，怕而遠之的。

但對我這個深深面對過悲傷的人來說，卻老想著要「多走一步」，送上關心。即使是第一次遇見。

就像那天，碰見剛喪母的他，見到他提起亡母的片段，仍是熱淚盈眶，甚至夾雜著「內疚」，這內疚包括質疑自己醫療的決定，又或者因對著一個陌生人流淚就是展示個人軟弱的矛盾等等。那一刻，我深深感受到，一個悲傷者要面對悲傷，談何容易？

「想哭，就哭吧！我明白的，因為我也曾經歷過！」也就是看著他願意放膽地讓眼淚湧流。

能哭，可以大哭一場，就是悲傷治療的起步。

我最難過的，是聽到有人這樣安慰悲傷者：「別哭啊！因為他已在天家，有天我們會跟他在天家相聚！」不錯，這是頭腦上早已知道的「大道理」，但那是「有天」，而現在正面對的，卻是「跟摯愛的分離」。那種痛不欲生的感覺，只有過來人才明白。而在屬靈的層面，我更常想到耶穌正正是這樣一位道成肉身，與哀哭的人同哭的主。當祂聽到拉撒路的死，祂便「哭了」，有不少解經家覺得耶穌能體恤馬大與馬利亞的哀傷，和她們一同分擔失去至親的悲痛而流的眼淚。

接著，就是**學習正視那些傷痛**，把自己跟對方的連結與回憶，都保存下來。由於悲傷可以不同的面貌出現，甚至每一天都不一樣，所以見到悲傷者時，我的問候通常都是：「你今天的心情怎樣？」一天難處一天當，大概就是這樣應用吧！

然後，我會送給對方一本有關哀傷的小書（盧雲的《念：別了母親後》）及一本漂亮的記事簿，鼓勵對方在念起至親好友的那刻，就把那些片段寫下來。為甚麼用寫而不是打字？因為我喜歡執筆那種「實在」感！

過去的年月，感恩的是陪伴了好幾位哀傷的朋友。這也是我從悲傷學懂的功課，就是不讓自己沉溺在傷痛中，而是把這些經驗與同路人分享，繼續學習「與哀哭的人同哭」。

同行十感

1 懂得流淚，證明我們並非鐵石心腸。

2 人到中年，常會有些觸動時刻是莫名其妙的泛著淚光。

3 為自己流淚太多，會模糊我們的視野，變成自憐。

4 為別人流淚，是一種愛莫能助的無奈。

5 與別人同哭，是一種欲語無言的安慰。

6 哀傷至極的境界，叫欲哭無淚。

7 若把眼淚變成手段，眼眶濕濕，嘴巴卻是硬硬的，那才是真正的可悲。

8 擦乾眼淚，會感覺我們的歡笑很實在。

9 出於感恩的喜極而泣，是努力得著回報，也是看清每步都是恩典之路。

10 淚流披臉的痛悔禱告，主必傾聽。

12

Be Yourself

生老病死看似是人生常態，滿以為經歷過就可看透，其實不然

願意面對生死離別的人有福了，因為穿越悲痛，我們生了一種對永恆的期盼。只要我們心中常存永生的盼望，又何懼死亡的威嚇！

這天，又是在一個安息禮拜中分享信息。返天家的是一位年輕美麗的姊妹，兩年前一次發現癌症末期，她與丈夫事業正是得意期間，遭逢這樣大的打擊。好友傳來短訊，問我是否願意去探望他們。

我當然義不容辭。

還記得那天下午，了解太太的病情後，特意問他們是否願意信耶穌。沒想到兩個人都異口同聲說「願意」。就這樣，為他們做了一個決志禱告，也開始了兩年同行之旅。

所謂「同行」，就是短訊問候，探訪，到她病危期間，去醫院做了臨別的探望。

還記得多次為她禱告，求主醫治。也深深盼望她可以不用住院太久，能歸家跟親愛的老公共度聖誕。

但這些祈求，都不能兑現。惟一的那次，是拿著朋友給的贈券，跟他們夫妻倆去了酒店吃「Bear Bear 下午茶」，償了這年輕女子的心願。

記得二十多年前，因著媽媽突然中風去世，我痛不欲生。花了好長的時間才從哀痛的深淵爬出來，自此更明白喪親的苦痛，知道要多走一步，多關心一句，也學習怎樣陪伴安慰。

滿以為這樣，陪伴不同的人走過生死，已成「熟手」。怎知道，這只是我的「以為」，「其實」不然。

就像這趟安慰年輕的她，盼望她的苦痛能減輕，盼望她可以多跟可愛的老公、狗狗相處。但每趟的禱告安慰，好像都著不了地。每趟轉身而去的那刻，還記得她那苦痛的臉容，還有懼怕死亡的呼求……久久印在我的腦海中。

「死亡的陰影與奧祕，恐怕不是我能參透的。」那陣子，這句表述常出現我的腦海。而我能做的，只是極有限的陪伴。

雖然從母親離世至今，我好像對死亡多點了解，但原來只是皮毛。

還記得第一趟接觸死亡，是外公過身。在殯儀館的冷庫內，大膽地抓住外公的手，那是一雙冰冷且僵硬的手。

再次碰觸死亡，是中六在美國唸書那年的暑假，收到親如哥哥的同學溺斃的消息。那時才驚覺，死亡與年齡無關，一趟意外就可以奪去人的性命，那年他才十八。

再來，恐怕就是大舅媽的過身。那是母親過世的前一年，大舅媽回港與家人團圓，開心得不得了，團圓照片中的她總是笑不攏嘴。沒想到就是這樣「開心過度」，猝然中風過身。那時才稍明白，**有一種死亡叫「樂極生悲」**。

當然，還有身邊志同道合的夥伴離世。譬如說基道的蔡社長，是我十分尊重的長輩。知道他患上癌症，離世前在醫院跟他道別那幕，仍歷歷在目。他交託我好好守護基道出版社，至今仍是我最佳的合作對象。蔡社長，我一直不負所託啊！

不過最慘烈的那次，是一個至親好友自殺身亡。

那是一個星期天的早上，正在參加崇拜。

「XX跳樓自殺走了！」

甚麼？知道他情緒抑鬱，也聽聞他有自殺念頭。但一直看醫生，在家人守護下，怎會如此……

一連串的問號，沒法解答，更加不是把責任歸咎給誰的時候。惟一可以做的，就是陪伴喪親的家人，走進那無底漆黑的深淵中，不能言語，只能擁抱著她，陪她哭，聽她細訴那份內疚無助，也帶著某種的憤怒。

「為何他選擇這樣走掉？他難道沒想過我的感受……」

那些陪伴的晚上，我一句話都不敢多說。只是在遞紙巾，流淚，幫她拭淚。然而心中隱隱有著同樣的憤怒、質疑：

「神啊！祢在哪裏？」

「主啊！祢為何容許這些事情發生，為何不攔阻……」

沒有答案。這大概也是你我面對極大的苦難與死亡時，得到的惟一答案。

但我深信，深愛她的他，不想看見愛妻頹唐喪志。但他實在振作不起來，因為這是一個病，雖然不是絕症，卻讓他天天活在絕望之中。

「我會在天堂見到他嗎？」她問。

「我想會的，還記得當年他怎樣決志信主，是真心的，耶穌也知道的。」

「那就好了！」

是的，我輕輕拍她的肩膀，告訴她：好好跟孩子生活下去，這也是在天家的他的心願。別問我怎知道？我只是按人之常情揣測，也是按常理作出安慰。

那段日子，她想喝咖啡，就陪她喝咖啡。她想逛公司，就陪她逛公司。**安靜的陪伴，其實是對傷心人最有效的療癒**。

時日如飛，幾年過去，她也跟家人移民他方。孩子結婚了，我們也被邀參加婚禮。看著那個英俊挺拔的大男孩，拖著愛妻走上紅地毯，並在謝詞中感謝父親的愛顧。看見他們一家終於再展笑顏，心中暗暗為他們高興。

生老病死，從來就是一個艱難的功課，帶給我們的感受，是悲傷哀愁，還有那種愛莫能助的無奈。也是在這些關口上，我看見自己的渺小、脆弱與無能，在死亡面前，我會繼續學習柔和謙卑，專心聆聽，同理同行。這些功課，一生都學不完。

生老病死，從來就是一個艱難的功課，帶給我們的感受，是悲傷哀愁，還有那種愛莫能助的無奈。也是在這些關口上，我看見自己的渺小、脆弱與無能，在死亡面前，我會繼續學習柔和謙卑，專心聆聽，同理同行。這些功課，一生都學不完。

苦難十悟

1 苦難是一位我們想保持距離卻不得不交的密友。
2 苦難的味道是悲苦的，但過後會體悟主恩的甘甜。
3 苦難的路起初是孤單的，但愈走愈發現，同路人多的是。
4 苦難是一所學校，誰也不想在那兒久留。
5 苦難的功課很難學，要帶著謙卑的心去學習。
6 經歷過苦難又能從中學習順服的人，更能看透世事。
7 苦難可能摧毀了我們所建立和重視的，但也讓我們知道甚麼才是最重要的。
8 那些從苦難中活過來的人，是難尋的智者。
9 苦難將我們與同一經歷的人連結，同哭同悲。
10 耶穌基督在十字架受過極大的痛苦，祂是最明白苦難為何物的。

安靜的陪伴，其實是
對傷心人最有效的療癒。

13

Be Yourself

原生家庭是一個深坑，不是說擺脱就擺脱，是需要時日一步一步爬出來的

原生家庭父母的影響，是一生不能磨滅的。
雖然回憶不能磨滅，但我們可以選擇怎樣面對。
懂得愛自己，也懂得怎樣愛別人，不把傷痛代傳。

好久沒有帶領工作坊了。這天下午在某幼稚園的一個禮堂，算是數年來的第一次。大概有二十多人吧！媽媽居多，不過還是有兩位稀客爸爸。

談的主題是情緒，但我卻想到原生家庭對一個人情緒的影響。先來一個熱身。

「各位家長，可否寫下你們心中常常出現的，面對教養困難時衝口而出的『三個字』是甚麼？」

於是，他們寫下了(我加了些之前聽到的)：死蠢材、快啲啦、無鬼用、好難啊、你好煩、唔得喔、咁得閒、正垃圾、死梗啦、大鑊啦、大件事、無得救、正廢柴……

依然記得那個被父母喊做「廢柴」的小男孩，這兩字就成了他的標籤，連被選當小組組長都不願做，跟我說：「老師，爸爸媽媽說我是

『廢柴』，『廢柴』那能當組長？」

聽到我心痛也心酸。

我嘗試改變他的內心對白。

「不，你不是『廢柴』，是老師同學心目中，負責好學的『火柴』，你可以成為其他同學的榜樣。」那幾堂課，我花盡心思想改變他內心的獨白。

我把這個故事告訴班中的同學，怎知她這樣回應：「父母說我是『雀仔腦』！」

甚麼意思？

「就是腦袋很小，很蠢的意思！」

看見她說的時候，眼泛淚光。

「不過，也請我們原諒咱們的上一代。他們之所以讓這些話說出口，不是故意、惡意或存心想傷害孩子的，也許是他們的上一代，也是這樣『隨口說』而已，所以我們的父母就有樣學樣。」

那堂課的最後十分鐘，我要求父母**改寫內心的對白**，換成另外「三個字」。結果他們寫下：試試看、你好棒、你好叻、試多次、唔緊要、你得嘅、我做到、好搞笑、一定得、我幫你、笑一笑、再嚟過、叻叻豬、有辦法、唔放棄、無問題、我係度、做得好……

談得太多「正向思考」的觀念，但實踐起來又談何容易？倒不如活學活講這三個字，希望能幫助父母們從原生家庭的陰影，逐步逐步地走出來。

是的，逐步逐步的行，甚至「爬」出來。

這也是我這數十年經歷的寫照。如果說一信耶穌，就可以把過去所經歷的畫面忘記得一乾二淨，那是騙人的。

患情緒病的父親在我少年時代留下的那些衝突陰影，至今仍歷歷在目。

還記得某趟，當父親又用同樣的伎倆向媽媽施壓，自己摑自己的臉。那時的我滿以為略懂一二輔導知識，就大聲對爸爸說：「我就知道你又用這些伎倆來威脅我們，你做吧！我們是不會就範的！」

那時，滿以為這樣做可以阻止父親的「怪異行為」，沒想到那天的他更是變本加厲。

「**崩口人忌崩口碗**」，輔導的朋友告訴我，其實有情緒病的人，難道不知道自己的問題嗎？當然知道。

就像一個禿頭的人，不用人告訴他「你沒有頭髮」。

就像一個常常做事不小心的人，不用人家提他「你要小心！」

後來才明白，這種以為是愛心的「提點」、「指正」，其實是對父親的一種「傷害」。

後來才知道，原生家庭的傷害不能當作從沒發生，而是好好思考當中要學的功課。

首先是**自省**，反省一下自己的態度，會否也挑釁了爸爸那躁動的情緒？

再接下來就是**接納**、**包容與愛**。開始接納爸爸童年被忽視的背景，開始接納爸爸敏感但愛製造驚喜的個性（這個我也遺傳了，哈哈！），開始接納療癒是一段漫長的過程。包容就是體諒父親也是在努力擺脫過去的陰影，所以有時會情緒穩定，有時也會墮入憂鬱的深淵，其實自己又何嘗不是。與其把所有問題都歸咎到原生家庭身上，倒不如扶著垂垂老矣的爸爸，手牽手匍匐前行。至於愛，就是不帶「不實際」期望的愛，會懂得自問：「如果我活在爸爸那個局勢不穩、趕著逃難的動盪時代，很可能會變成跟他一樣呢！」

最近讀到一個「深坑」的故事，大意是這樣的：

我走在街上，看見有一個深坑，一不小心，掉了下去。但想想，這不是我的錯，於是費盡心思，一步步爬了出來。

過了沒多久，我走在街上，見到一個深坑。我還是掉了下去，也是費了好大勁才爬出來。這不是我的錯。

過了一陣，我走在街上，見到一個深坑。我還是掉了下去，也是費了好大勁才爬出來。原來，這已成了我的習慣。這……是我的問題了，是我的選擇，是我的腳踏進坑的。

我知道了，我醒覺了。

這天，我走在街上，看見一個深坑。我繞道而過，沒有掉下去。我告訴自己：**原來人是可以改變的**。

這天，我走在街上，但選了另一條街。那是一條沒有深坑的街……很喜歡這個故事。它正正道出我們要改變積習，需要的是自省與不斷地練習。我還要加上的，是求主耶穌的提醒加力：「主啊！我很容易又掉進那個『原生家庭的深坑』，求祢給我平靜的心在臨危懂得分辨選擇，不要再被過去牽著鼻子走。阿們！」

當然，也因為這樣的背景，讓我更能深深體會情緒病患的家屬那種難言之隱及箇中的傷痛。

「那你會建議跟這些情緒病患的人、同行的家人配偶，除了帶他們去看醫生接受治療與恆切禱告之外，還可以做甚麼？」

「以愛擁抱他！」好好愛他，關心他，體諒他，在他情緒發作的當下，「擁抱她」！

記得剛信主的日子，把內心的難過與難耐，向身邊的長輩分享。他們通常給我一兩節經文，最常聽到的就是：「我靠著那加給我力量的，凡事都能做。」（腓四13）但卻沒有告訴我該怎樣應用在個人的生活中。

如今活過半百了，逐漸知道一方面要「靠著那給我力量的」，另一方面這不是說我們「甚麼都不做，等神工作」，而是我們「凡事都能做」，我們也有當負的責任，不能輕易卸責！

情感枷鎖十思

1 重情的人，情感的枷鎖就愈多。

2 背負著枷鎖的人，常感覺在失落、痛苦、難過與憤怒的情緒中徘徊。

3 而枷鎖的場景，通常都跟我們的原生家庭有莫大的關係。

4 枷鎖之中最有名的一把叫「渴望被欣賞與接納」，但往往在最親的人口中聽不到。

5 另一把枷鎖叫「期待」，就是我們對別人期待愈多，最終只會換來失望。

6 有沒有發覺，許多時候，是咱們「自己」把枷鎖上鎖，而不是「別人」。

7 枷鎖很愛用的詞句是「應該」、「絕對」、「從來」等等。

8 最大的枷鎖是鎖住了自己的心，滴水不漏，更不讓別人窺探。

9 決定改變自己的想法，是擺脱情感枷鎖的基本步。

10 惟獨耶穌的愛與恩典，足夠讓我們可以擺脱情感的枷鎖。

第　四　部

對心中的天使說早安，對心中的魔鬼說再見

14

Be Yourself

你可能沒想過一聲道謝帶來這樣窩心的鼓勵，特別在那些沮喪無力的日子

感激的話，最好多說，
因為常存感恩的人是快樂的。
學習每天為遇過一位鼓勵自己的人感恩，
那是對抗「不好想法」的力量。

連串的講座，開會，讓人疲憊不堪。

這天，帶著疲倦的身體，應邀到一所學校分享。但開車抵達後，一直找不到學校所在。正苦惱中，抬頭一看，學校旁邊的教堂內，那高掛的螢幕正放了我的講座題目。

那天的講座，如往常一般，都是掏心掏肺去分享信息與生命。講座結束，見到他走過來。

「我一直有看你的文章，帶給我很多正能量！」打量著這位爸爸，一派文質彬彬，說話的時候目光炯炯有神，予人感覺誠實可靠。

「是嗎？」

「是啊！學生時代就看……那些青蔥歲月給了我不少鼓勵。」對，打量他的樣子，也頂多四十歲，學生時代讀過我的文章，原來是陪著他成長。

「真感謝你啊！給我這些回響，對一個默默寫作的人來說，是很大的鼓勵。」

難道，說了這些話以後，他會有甚麼親子相處的問題，想要我解答的？我一直在等。

「這趟，能面對面見到你，我只是想親身前來道謝啊！」然後，他就揮手告別。

看著他遠去的背影，我無言感動。

說真的，他沒有必要這樣走過來向我道謝。而且，還是個男的讀者。他更不知道，這陣子我受了點委屈，也曾質疑所做的是否該繼續下去，站在講台上分享的，有耳聽到嗎？在臉書與書本寫的文字，讀者會有感應嗎？

對於一個文字創作的人，最大的鼓勵莫過於聽到讀者的回應。讀此書的你，可能會問：「你不是常常收到這樣的回應嗎？」

也許是吧！臉書的 like，算不算？還有在臉書 PM 收到的回應，也該算吧！但在現實生活中，碰過多少次，付出了時間、安排、聯繫等等，把需要幫助的人跟能給予的聯繫在一起，然後，就再沒收到任何的消息了。

心中有時會想，「無論怎樣，也總給我一個回音吧！」

像這天，收到一個消息：「你上次提到要聯繫的那個人叫甚麼名字？能否再給我一次她的手提……」

看到她的短訊，竟忘了她是誰。連忙翻閱過去彼此的短訊，終於想起來，是那一頓素未謀面但卻想聯繫的「第一次飯局」，她提到需要找某某。我說：「我認識她啊！」就想把她跟那個她連結。

身邊熟悉我的朋友都會勸我：「別那麼熱心，幫人幫到底好不好？

最終小心吃虧的是自己啊！」

不是沒聽到，但這就是我的脾性，奈何！

但我對**知恩圖報**這四個字，卻是銘刻在心的。到今天，我仍深深記得：

中學時代鼓勵我寫作的羅老師；

那位教導與指教我寫作的主編劉姐；

那位在我們服事路上一直為我們代禱，如今已返天家的饒浩恩牧師夫婦；

那位將我引介入公職的她；

那位雖是晚輩但口出建言諫語讓我一生受用的好姊妹；

那位一直在背後默默扶持我數十年不變的「好同工」；

那位早就叫我小心提防某某的弟兄；

還有身邊許許多多的小天使；

……

數之不盡。

我一直告誡自己：「別人忘恩負義，過橋抽板，這些都是壞榜樣。不能跟著他們走，我要當一個知恩圖報的人。」

一個常懷感恩之心的人，是快樂的。

怎樣感恩？現在坊間有關感恩的行動很多，像每天寫下所「見」到的好人好事，或在安靜默想中用「腦袋或心靈」好好思想別人對自己的恩惠（我常常在每天安靜默想時，求聖靈讓我想起這些人和事），特別是在我們茫然無助的日子，上主差派這些「天使」臨在我們生命當中，讓我們感覺祂的同在同行，就讓我們衷心欣賞之餘，也用「手或腳」（即行動）表達我們的感謝：一頓飯、一件小禮物也好啊！

沒想到，這天就在辦公室，收到他們夫妻倆送來的母親節禮物，內裏還附上一張卡片，道明謝意。真是意料之外的驚喜！

也許，你會覺得哪來這樣多的好人好事。甚麼是好？是好意？善良？還有別的嗎？

當然有。

我至愛的經文：腓立比書四章8至9節就道出其中的一些原則：「弟兄們，我還有未盡的話：凡是真實的、可敬的、公義的、清潔的、可愛的、有美名的，若有甚麼德行，若有甚麼稱讚，這些事你們都要思念。你們在我身上所學習的，所領受的，所聽見的，所看見的，這些事你們都要去行，賜平安的神就必與你們同在。」

「真實的」就是那些表裏如一的，「可敬的」就是那些值得尊敬的人和事，這使我想起最近參加一個某宗派的週年聚餐，他們特意把歷屆的主席照片登出來以表敬意，實在難得。「公義」就是指「對人對事都正直合理」，專指道德方面超越的事。

單是這些準則，已經足夠讓我們回想反思。

請記著，沒有人有必要對我們好的（除了家人）。但上主讓我們在人生的路途上，碰到這些不求回報樂意施恩給我們的人，除了懂得向上主感恩之餘，不也該好好向這些「恩人」道謝嗎？也許，她或他正處於一個人生低谷或十字路口，說不定你的回應可以為他們打氣，就像我收到這位爸爸的回應一樣，心被恩感得著鼓勵呢！

衷心感謝十句話

1 感謝你的出現，讓我像遇見了天使。
2 感謝你送我禮物，讓我明白甚麼是供應。
3 感激你一通電話，讓我知道在危難中神仍不離不棄。
4 謝謝你的光臨，讓我感受到你的支持。
5 多虧有你的提點，讓我不至走歪了路。
6 多謝你的體諒，雖然我是這樣不堪。
7 感恩有你關懷，讓我感到窩心溫暖。
8 謝謝給予機會，讓我可以嘗試。
9 感激你的忍耐，讓我看到基督的愛。
10 謝謝你的禱告，讓我感覺生活有力。

學習每天為遇過一位鼓勵自己的人感恩

15

Be Yourself

服事是一門易做難精的學問，最大的陷阱是覺得自己所做的都「是對」的

甘心就如一塊未經雕琢的石頭，
需要在時間的琢磨下，才變得光滑亮麗。
若不甘心，就猶如有一口咽不下的氣，
是會把我們的志氣磨蝕的。

剛信耶穌的日子，基本上是「瞓身」服事。

那時的蒙特利爾華人基督徒團契（即 Montreal Chinese Christian Fellowship）是沒有導師的，說得坦白點，就是「無皇管」，全由團契選出來的職員話事。

還記得我當時的工作是文書，因為愛好寫作，也順帶當了團契通訊《靈訊》的主編。

那些年，我們個個信了耶穌都很熱心服事。帶查經，搞佈道會，說叫誰做這做那，都義不容辭，絕不拒絕。

那些年加拿大東部的學生冬令會，是由不同地區的團契主辦。那一年輪到我們，一有需要便一呼百應，十分同心。

那些年，是學生工作在北美最興旺的年代。冬令會、夏令會，很多時候都「爆滿」。碰上移民與留學潮，教會或團契更是不乏新來賓。還

記得我們一同唱 *Pass It On*，一同拍手唱「我們歡迎你」，那些熱切的笑容與關愛，是當時團契的最大吸引力。

當時，我最重的服事就是司琴與文字工作。前者，是因為大家都覺得「羅乃萱」就該擔任司琴，因為我有一位名鋼琴家姊姊。後者，才是我的熱忱與摯愛。所以最後，我逐漸減少彈琴，專心做團契刊物。那時的雜誌還是手抄版，自知字醜，所以我寫的文章都是找人抄的（其中一位當然是我後來的老公何志滌牧師啦！）

後來到台灣當宣教士又是另一種學習。那邊的文化是男的站講台，女的就負責插花、飯食，頂多是領詩的服事。

仍記得我剛抵埗，就被問及：「你會插花嗎？」

「不會。我連花的名字都不清楚，只知道有一種花叫『大紅花』！」

想來這個答案可能讓問者摸不著頭腦。

這段時期的服事，不能來者不拒，因為很少「來者」。

服事的扭轉，在於我的表白。不知道哪來的勇氣，某天走到被派往服事的那所教會的牧者面前，大膽跟他說：「其實我的恩賜是教導，還有帶小組查經，主日學都可以……」

沒想到他果真從善如流，派我去教主日學，還當翻譯（就是把講者的廣東話翻成普通話）。這些歷練也造就了今天的我，能夠即聽即翻。

後來回港當雜誌編輯，又是另一種服事的歷練：那就是怎樣證明自己的實力，開拓個人的空間，同時配合機構的方向。

信不信由你，還記得剛上任的第一年，我只寫過一篇五百字的文章。當時雜誌社因為要請一位女編輯，便請了我，因為其他的都是男編輯（還好有一位助理編輯的好姐妹陪我）。那時候，感覺自己有點像「花瓶」，只是擺放在編輯室內的裝飾。

寫作於我，像是一個心靈過濾的過程。生命中遇上的悲歡甜辣，透過筆桿的煉淨，倏地變得很可親可近，可思可想了。

但收得人家的薪水，還是要努力做好自己的本分。當時雜誌要我負責的「文化藝術版」，篇幅不多，但正是一扇大門，可以讓我好好涉獵演藝文化（如畫展、舞蹈、話劇）、電影等等不同範疇。所以一有空就去看試片，跟電影公司的同事打交道。下班後，還進修了有關編劇、電視製作的校外課程，不斷學習。

這些年的服事，我稱之為「**主動出擊，充實自己**」。

不過最不容易的，還是離開服事多年的機構，成立了一個慈善機構「家庭發展基金」闖天下的這二十年。

說到底，萬事起頭難。剛開始做家長工作，又重回「來者不拒」的模式。誰找我，認識不認識也好，只要有空檔一定答應。原因很簡單：一方面是開拓接觸面與人脈，另方面是賺夠錢來付辦公室的租金與幾個同工的薪酬。

感恩的是，接觸的學校機構，有不少是請我吃另類「回頭草」的（就是完了一次講座，還會再請）。更慶幸的是，接觸及認識了不少志同道合的校長，同在一個廣播羣組內，彼此照應。

惟一不同的是，邀約愈來愈多，工作排得密麻麻的，要作取捨了。起初，用的也是簡單原則：**先到先得**。後來發覺，也要算算時間人力與接觸面，是否值得。這也是逼不得已的「選擇」，要狠狠地學習說「不」。

我在臉書上用「馬不停蹄」來形容每個星期的服事。但最重要的是，所接的講座與寫作，都跟我的召命相符，都是跟「家庭教育」有關。而面對每趟的服事，總是有很好的回響。

但我會提醒自己，也請身邊的諫友提點我，不要因為這樣「被需要」就自以為是，更不要馬虎了事。在服事的圈子，見識過一些朋友，在會議中提出意見之餘，還振振有詞覺得自己的意見是最好的，主席一定要聽。說到底這樣「堅持己見」的人，在服事中屢有所聞。最後，聽到他們的下場都是「離開了事奉崗位」。

如果問我服事的心態，簡單四個字：**甘心樂意**。

如果邊做邊埋怨，又不甘心，就要問問自己：這到底是上主要我做的？所做的是否我的恩賜可以做的？是人家需要我做的還是自己「搶著去做」，滿以為這樣就是提高身價？又或者是出於別人吹捧或懇求，「勉為其難」答應？

至於樂意，更加容易說明。就是服事起來，是開心的，縱使忙碌，也是帶著笑容去服事，帶著滿足與滿滿的祝福離開。

人愈大，思想就愈簡單。這也是我對服事的體會。

甘心／不甘心十想

1 甘心是發自內心，不用說出口的。

2 嘴巴不斷強調自己「不介意」，「甘心」的人，可能是最不甘心的啊！

3 放下內心那把比較的尺，會較容易找到自己甘心想做的。

4 比較的心會讓我們被那比較的對象牽引著，迷失了自己的方向，變得不甘心。

5 拿不到獎而生的不甘心，卻是一種為達目的而生的鬥心。

6 跟不甘心的人相處，會發現他一直在暗處跟你鬥過不休，讓人心累！

7 對所愛的人的任何要求，即使多麼不合理，也會心甘情願去做啊！

8 做自己喜歡的事，見自己想見的人，過自己想過的生活，是最理想的「甘心」狀態。

9 人到了某個年紀，不甘心樂意做的事見的人，別勉強自己了！

10 求主讓我們每天更新內心，遵行祂旨意，就更明白何謂「甘心」了！

16

Be Yourself

每天都會有讓人生氣和苦惱的事情，問題是我們會否讓這些事破壞了心情

能控制情緒的人，即使心情壞透，也能分清人與事，不讓身邊人受罪。別讓內心一時衝動主宰著與人的關係，試試告訴自己：停停想想看看！

這天，開車準備往尖沙嘴晚餐。怎知，跟坐在旁邊的友人談得不亦樂乎。抬頭一看，糟糕！車子要往尖沙嘴，怎料我走進往紅隧的路線，醒覺之後，立即打燈，看看倒後鏡的盲點，沒車，扭軚，駛入往尖沙嘴方向的路上。

沒想到，聽到的是一輪強烈的響咹聲，看看倒後鏡，是後來的那輛車的怒罵。不斷的響咹，不斷的張口怒罵……

只能一笑置之。

每天，都可能碰見無理取鬧的路人甲。有時在街上，有時在馬路上，更有時候在網路上。

有人覺得這是運氣。如果你今天運氣好，就會碰到好人好事，運氣差，就會頭頭碰著黑。我才不信，也不會把人生交付給運氣。

聽過有一條**幸福定律**，叫一比九十九。發生在我們生命中的某一件事是一，其餘九十九就是我們怎樣選擇對這件事的看法。

年輕時，把自己框死在一些奇怪的框框內：

好像考試前一定要洗頭，否則會記不住課文內容。大概是因為某次沒洗頭就考試不順，滿以為這是個定律（那是壓根兒的盲目迷信）。

又好像寫稿一定要用原稿紙。到女兒出生了，我要隨空（即有空檔）隨寫，在任何紙張都可以寫。有沒有稿紙，不再重要！

甚麼是框框？就是心底那些「非要這樣不可的事」。如果現實是「那樣」，我們就覺得很不爽。如果一天開始碰上倒楣事讓我不爽，就一整天也不爽。這不是很愚蠢嗎？

面對日常生活的這些小事，**最好的方法就是「當他無到」**，不看不理不聞不問。特別是駕車時碰上那些凶神惡煞的司機，我通常是「裝作看不見」，更遑論聽他用怎樣的粗話來罵我。當然，我也要反省自己是否違規駕駛或不小心過線之類，總之有錯會認，向對方打恭作揖就是。至於網路上的惡言惡語，如果留在我私人專頁，我是絕對有權將之「隔絕」。

記得曾讀過一個小故事，說一位易怒的年輕人，跑去求問智者，請教對方怎能消除怒氣。對方說了一個讓他摸不著頭腦的方法：就是感覺生氣的當下，**向前行七步，向後行七步**，如是者行三次，怒氣就會消除。

他半信半疑。回到家中，發現新婚太太房間的門半掩著，他推門一瞧，怎麼有一個人睡在她旁邊。

「難道是老婆的新男友？」愈想愈氣，一怒之下，走到廚房拿了一把菜刀，正想衝進房間砍下去的時候，突然想起智者的勸告：向前走七步，向後走七步。

他向前行了七步，向後正要走的時候，突然想起：無論怎樣，都要看看這「姦夫」的樣子！於是，他開燈一看，心想：幸虧沒有砍下去！為甚麼？因為那是老婆的媽媽，是外母娘。

「是啊！媽來探望我，但覺得不舒服，我就叫她先睡睡歇歇！」還好他開燈一看，否則鑄成大錯。

這個故事我愛到處傳講，因為很貼地有趣。沒想到有天我竟要應用在自己身上。

我是個寫作小心，但走路有時「不帶眼」的人。話說那天跟外子在同福堂對開的行人天橋，我一手拿著保溫杯，一手跟他說：「工展會開了，我們去看看吧！」怎知道話未說完，就踏了個空，腳一伸就往行人天橋的樓梯滾下去，最終被欄杆攔著。跌得痛嗎？那還用問，左腳跟腫了一大塊。往後的一個月，上下班都走不動，要坐計程車。

這天，上了一部計程車。司機問我去哪：「去太子那邊！」

「你再說一遍？」語氣有點殺氣騰騰似的。

「太……子……」

「你知道這兒是甚麼地方？你說你要去太子……」他邊說邊不停地踏煞車，我的身子就跟著他一踏一踏地往前衝。

那一刻，我真的有點生氣。心想，我可以抄下他的名字車牌，下車後去舉報他。二，我可以「當他無到」，下車後悻悻然離開。三，我要「說得出做得到」，學習「向前走七步，向後走七步」。但是主啊！我跌傷腿，怎樣向前向後走？

但可以內心默禱，神不是聽我們禱告的嗎？

「主啊！求祢指教我該怎樣回應。阿們！」

「司機先生，真對不起！我也不想這樣叫車的，只因為我近日從行人天橋摔了下來，跌傷了左腳跟，走路一拐一拐的，所以才要叫的士啊！」

「怎麼？跌傷了，有沒有塗跌打酒，還有雲南白藥，還有……」他突然語氣大變，語帶關心與親切。

「你怎麼知道得這樣清楚？」

「哈哈！我以前是甲組足球的後備隊員，所以對腳跌傷的情況瞭如指掌。」

「原來如此！司機大佬，真是失敬失敬！」

從沒想過，本來可以是一場司機與乘客的對峙，變成了一場「不傷不相識」的見面。

下車的時候，我仍記得車資大概是三十多塊。怎料他竟然說：

「給我三十塊就可以了！其他的你拿來看醫生吧！」

那有計程車司機願意少收車資的，這是我人生第一遭，也是我從小事上看見，神的恩手帶領，聖靈的提點與扶持。

別以為小事上帝不管？那天靈修讀參孫生平，發現他「甚覺口渴」都求問耶和華（士十五18）。我腳傷了，又覺得陷於困局，當然要向祂呼求。其實類近的情況在生命中經常出現，有時是出現了靈機一觸的智慧回應，有時是感覺到上主出手讓我「堂而皇之」免去一場無謂的困擾，更有時候是聖靈敲醒我的頭腦，告誡我別胡思亂猜。這正正是我感覺信仰歷久彌新的真實見證。

自我調節十思

1 當感覺被催逼的時候，要停下來問自己趕往哪兒？
2 當感覺疲累的時候，要小睡片刻讓頭腦清醒過來。
3 當感覺無望的時候，就要求問終極的盼望在哪裏。
4 感到孤單時，找同路人來扶持一下。
5 當受傷的時候，要承認並想法子療傷。
6 妒恨出現時，要尋找愛與饒恕的源頭。
7 感到害怕時，要相信保護我們的必不打盹。
8 當失去方向時，要搞清楚到底跟了誰。
9 感覺被困時，要相信總有出路。
10 當感到禱告乏力時，要繼續信靠禱告。

聽過有一條幸福定律，叫一比九十九。發生在我們生命中的某一件事是一，其餘九十九就是我們怎樣選擇對這件事的看法。

17

Be Yourself

我的時間夠用，因為每天我都是這樣開始的

把每天最精神的時刻，用來安靜反思，想想每天工作的優先次序，然後付諸行動。靜下來才醒覺，有哪些事情該拒絕，哪些該做。規劃會讓生活充實，而非沒有目的意義地忙碌。

已經不止一次，被身邊的人或採訪的人問：「你做這許多的事情，是怎樣安排時間的？」

說到時間管理，我是深信不疑的，而時間管理又跟個人紀律不可分割。

對於時間管理，影響我最深的當然是家母。她是香港第一位女股票經紀，每天要處理的人事和財務繁多，稍一不小心就會損失慘重。

母親是一個做事很有條理的人，家中的所有物品經過她的分門別類，總是擺放得井井有條。她的文件夾永遠都有標籤標明，按分類擺得整整齊齊在一角。至於家中的藥櫃，更是標明那是傷風藥，那是咳嗽藥，那是退燒藥，不瞞你說，我是少看醫生的。因為生病都是先找媽媽，她就去藥櫃拿藥給我吃，很快就好了。

至於時間管理，她更在行。一早起來，她會用來做體操，跟著安靜靈修抄聖經，然後便打電話給同事安排不同事情。出門，回到辦公室一整天的約會排得密密的，一個接著一個。午餐時間就是她跟身邊不同的人物聯繫，吃一頓飯，談天說地，講講股票，不知怎的，她就可以跟各界人士成了好友，有些甚至成為莫逆之交。

想想今天的我，幾乎是她的「倒模」。

每早起來，先安靜抄聖經，這習慣已經維持十年有多。從前覺得被人問有否靈修很抗拒，總覺得這是個人私事不用向你交代。現在卻覺得，「沒做靈修」跟「沒刷牙」一樣混身感覺不對勁。說真的，很喜歡這種「沒靈修就感覺不在狀態」的感覺。因為我深知道，每天的抉擇存留，都跟與主同行息息相關。

靈修過後，我愛看看每天、每週，甚至每月的行事曆。再跟同事聯繫，看看每天的安排有否遺漏要跟進的，每週有否哪些文件要早點看和準備的，至於每月則審視有哪些需要預早做資料搜集的講座等等。安排過後，就給自己大概一個小時寫作預備講稿材料，像每天的廣播稿、每天的臉書，還有每星期的報章稿等。

至於上網找資料，當然也會。不過那是極叫人分心的動作。因為網絡會不停把你愛看的 feed（餵）給你看。比方說瀏覽過一些正向的網站，就會不斷有同類的網站出現。又如果想上網找一些有關「正向教育」的資料，谷歌會出現成千上萬的連結，若逐頁逐頁地看，幾天也看不完。一定要有所選擇，就是選那些可信的、有根據的網站看看，更要懂得適可而止。

無可否認，我們現在是資訊氾濫，怎樣才不被資訊淹沒，**知所選取的智慧一定要學**。

最近更學會一道板斧，就是「**善用短空檔時間**」。譬如等車、等人，或一個接一個約會中間約一個小時的空檔。以前不留意這些時間，會跑去逛逛公司，看看櫥窗，甚至跑去書店逛過飽。這些不是不好，但會花錢，倒不如跑到咖啡廳或圖書館的一角，拿著平板電腦，寫下片言隻語。坦白說，這篇稿子也是在這些空檔之下完成的。

另外一個善用時間的祕訣就是「**專心**」。專心始於睡眠充足，晚上睡得好，第二天一早起來，精神爽利，做起事來也事半功倍。專心也代表做的事情要有「**焦點**」。我個人的焦點很清晰，總離不開家庭親子、婚姻相處，還有兩性角色、跨代傳承等等，都是我關心的課題。如果要接的工作跟這些主題有關，就會樂意去做，其他的一律婉拒了。

「那你還是有不少電台節目外邊講座等等，怎樣應付？」

我會限定一個星期只能接幾個講座（如一天不會接兩個）。至於錄音與講座之間，往往是有關連的。我選讀的書與資料，都是跟關心的主題有關，在節目介紹過後，就會應用在講座中。所以我在講座分享的，雖然題目相同，但內容卻往往少有雷同，因為常常會把新的內容放進舊題目，這就是我「**舊瓶新酒**」的預備方法。

當然，另一個讓精神集中、靈感充沛的妙訣就是**開放自己，與更多人連結溝通**。每趟認識新朋友，如果發覺對方與自己志同道合，就一定會有「下文」，來個午餐約會，再交流一下。深深覺得，每碰到一個不同的人物，就會學習到不同的功課。

至於工作時的**精神韌力**，跟過去一年每星期都做運動不無關係。早聽朋友圈勸告，年紀大了，要多做些運動鍛鍊身體。只是，行山花時，在家中做運動又難提得起勁。那趟做了身體檢查，醫生嚴峻警告說我的肌肉減少，一定要做體能訓練去增加肌肉，雙腿才會有力站穩以防日後「跌倒」。

我是一個聽話的病人，怎敢不聽。立刻乖乖拉著外子一星期做一次體能訓練。辛苦嘛？辛苦，好幾次做了下來，雙腿發痛發軟，但過後卻感覺精神爽利，行路有力。

然後，開始跟師父學乒乓球了。因為那是少年時代的光榮與摯愛，那些年，也曾拿過甚麼雙打冠軍，直板打得不錯。但後來卻成了敦促孩子打乒乓球的「虎媽」，把所有期望都放在她身上。到她拿到冠軍，就告訴我要「急流勇退」，從此不碰球拍了。

既然如此，就由老媽子我來另類傳承。如今，已學了快一年，看著手執橫板的自己，一次比一次進步，沉浸在乒乓的學習中，想不到的「副作用」是做其他事情也精力充沛。好友見到我都說：「你的精神好多了？發生了何事？」

「哈哈！因為我打番乒乓，那是我至愛的體育活動！」沒想到乒乓癮頭剛起，我的保齡癮又發作了。這也是我在少年時代「得意」之作，這幾個月重拾了，打到超過一六八分那天，我興奮了好一陣。

所以，別問我為何能做那麼多事情，見那麼多人，開那麼多會……皆因**每天有安靜，安靜中有安排**，還有旁邊幾項讓我樂不可支的運動，成為我真正的加油站。我不會覺得忙，卻是深深覺得樂在其中呢！

忙碌生活十訣

1 記下工作的死線，為自己訂下完成的時間表。
2 忙碌是可以的，但需要忙一忙，就歇一歇。
3 察看內心的忙碌，是否跟個人追求完美、愛拖延、不懂分配時間有關。有則改之。
4 每天早上，先看看當天需要完成的事，再計劃。
5 一個約會接一個約會的空隙，盡量不看手機，用來喘氣。
6 別把人家的評語變成每天生活的催命符，否則苦了自己。
7 時間表上總要留些空白，給那些突如其來的變故。
8 不時自問，外在的忙碌跟內心的熱情相符嗎？
9 盡量學習保持內心的安靜，就不會那麼容易被忙碌擊倒。
10 請記著：忙得有夢想有目標的人會神采飛揚啊！

別問我為何能做那麼多事情，見那麼多人，開那麼多會……皆因每天有安靜，安靜中有安排，還有旁邊幾項讓我樂不可支的運動，成為我真正的加油站。我不會覺得忙，卻是深深覺得樂在其中呢！

18

Be Yourself

一些微不足道的小事情，原來蘊含著大道理

很多時候，心靈的問題都是源於我們自以為是。
人最可貴的，是懂得自省。
別讓「心意更新而變化」成為一個掛在嘴邊的口號，
而是每天在主面前的安靜、省察、與行動的實踐。

那是好久以前發生的一件小事，但卻讓我印象深刻。

事情發生在多倫多。那年有機會到市中心的劇院欣賞芭蕾舞表演，開車前往的時候，突然看見前車的司機座位旁，有兩隻耳朵伸出來。「大家看！這一定是參加表演的演員，看她的耳朵戲服多可愛！」坐在車內的乘客對我的猜測深信不疑。

沒多久，到埗了。前車的車門打開，跑出來的竟是一頭大狼狗。那雙耳朵就是狼狗的耳朵，不是演員的耳朵啊！

我仍記得當時的我，尷尬到一個地步真想找個洞躲進去。那是因為我的小小「偏見」，把整件事情扭曲了。

最近生活中，又有類似的事情出現。

不少人都知道，我家有一頭柴犬Nikita。這天，我發現她的尿兜有三灘水，趕忙叫菲傭姊姊幫手換尿片。但姊姊堅持：「尿布沒濕！」

就是這樣，我站在我的角度，她站在所在位置，爭持不下。

「Mom, you come here and take a look!」

沒問題！怎知道站在她的位置一看，尿片竟是乾乾的，一灘水都沒有？

原來，是燈光問題。我被燈光騙了！

「對不起，你對！」我對姊姊豎起大拇指，讚好！也免去了一場無謂的主僕之吵。否則，我可能胡思亂想下去：姊姊一定想「偷懶」，所以死口咬定尿片不濕？她為何夠膽頂撞我，難道不當我是老闆嗎……

這種偏見再下去，就會變成自我中心與無理取鬧。人的腦袋就是這樣愚昧無知，不是嗎？

很多時候，懂得自省與反思，我們的生活就會少許多煩惱。

這天，我碰到破鏡重圓與丈夫重修舊好、再訂婚盟的她。

眼前這位嬌俏的美人兒，對人熱情，但從前對老公卻是很苛刻的，總是覺得對方沒用，達不到她的期望。兩口子因為這樣的緣故，不知吵了多少遍。最後，她赫然從老公手提發覺對方出軌，更狠下心來，提出離婚。

怎知，離婚後的歲月並不好過。寂寞難耐，發覺心中仍是掛念前夫。

「有天，我發覺夫妻間出現問題，自己也有錯！」

是嗎？錯在哪裏？

「錯在不夠溫柔，錯在對他講話太直，說話『無尾音』！」

這是甚麼意思？

「就是『你去睡』跟『你累了，不如上牀睡覺，好嗎？』的分別？」

兩者的說法跟語氣都不一樣。前者像命令，後者溫柔多了。看她說著，配上那嬌嬌的語氣，好可愛啊！

「自從我對他的態度轉變，老公也改變了！所以我們去年再訂婚盟了！」

這是我聽過最動人的好消息！

「真的衷心祝福你！」

其實，上帝是很恩待我們的。羅馬書十二章1至2節所說的「心意更新而變化」，落地的更新就是這樣。上主有時透過一些雞毛蒜皮的小事，像那灘其實不存在的「水」，讓我們看到自己的「偏頗」、堅持己見。有時是透過旁人諫友的提點，有時是內心那微小有力的聖靈提醒。

朋友曾問我，怎麼知道那是來自上主？回想在我生命中出現這些「話語」的時候，首先是跟聖經教導相符，是讓我們的心歸向上主，是與放下「自我」有關，更重要的是當我們**願意順服，放下、放開這些想法**，讓上主的意念填滿的時候，心中有極大的平安。

如果我們的心常說：死啊！死啊！不如改成「主啊、主啊！」

如果我們碰到不如意事就覺得：沒辦法，沒出路！不如改成「在主沒有難成的事！」

如果被身邊的人氣得七竅生煙的當下，會覺得：以牙還牙，以眼還眼。不如改成：求聖靈指教我們怎樣「愛人如己」，甚至懂得愛敵人！

如果每天我們走在路上，都能「張開雙眼周圍觀察神的恩惠」(widely open our eyes to see the mercies of God)，自然會發現處處都有「神學」（就是大自然的啟示）。

至今仍念念不忘有趟外出主領講座，主辦單位帶我們到附近郊野公園遊玩。突然發現路旁的一棵大葉的植物，出現了一片破爛的黃葉，但卻沒有被剝落下來。旁枝的其他幾片綠葉，好像在撐著它似的，我特意拍下這張圖片，以此為榜樣，用來詮釋「一個肢體受傷，其他的會撐著支持」的好例子。

天地萬物皆是主的創造，天空飛鳥，地上繁花，還有天空上的浮雲，如果我們願意細察，會發現當中有豐富的人生大道理。讓我們放下手機，好好親近大自然，專心研讀上主的話，讓心靈被洗滌更新吧！

一個肢體受傷，
其他的會撐著支持。

十個內心桶子

1 如果內裏裝著不甘，溢出來的就是計較。
2 如果內裏裝著詭詐，溢出來的就是欺騙。
3 如果內裏裝著憤怒，溢出來的就是黑臉。
4 如果內裏裝著嫉妒，溢出來的就是不屑。
5 如果內裏裝著自我，溢出來的就是驕傲。
6 如果內裏裝著單純，溢出來的就是信任。
7 如果內裏裝著真誠，溢出來的就是坦白。
8 如果內裏裝著喜樂，溢出來的就是滿足。
9 如果內裏裝著感恩，溢出來的就是欣賞。
10 如果內裏裝著謙卑，溢出來的就是順服。

第五部

整全，是回頭再看的一幅人生風景

19

Be Yourself

每年的復活節，都有一種死而復生的領受

消極的盡頭是個死胡同，
若覺得自己快到，找個同路人指點回頭路。
別看著眼前的欄柵就覺得無路可走，
不如以單純的信心，信靠順服上主的安排帶領。

復活節，對我來說一直都有一個很特別的意義。信主那年的復活節，跟爸媽一同受洗。雖然他們在香港，我在加拿大，但那種一同歸信主的感受十分強烈。

往後出來服事，不少復活節都在福音營度過。看著一個接一個年輕的生命歸信耶穌，也成了我當時投身服事的一大動力。還記得某年，有一對小情侶一直喊我「姑姑」，因為他們覺得我跟電視劇中飾演小龍女的藝員長得很像。我當然卻之不恭，任憑他們喊，也跟這對小情侶成了好友。怎知一年過後，他們就分手了，如今仍是不知去向。

不過，那些年的復活節，仍是愉悅與充滿生命力的。那時的我，正值盛年，聽到不少年輕人談他們的原生家庭，談情場上的傷痕累累，我甚麼都做不來，只能以同理心聆聽，看著有些願意舉手決志，我就莫名感動。

但這些日子隨著工作崗位的轉變而過去。但萬沒想到往後一些復活節的前夕，卻碰上人生最難過的難關。

難關的細節不能詳述，但當中的感覺卻是深刻刺心的。那是心靈的一段黑夜，感覺委屈，被藐視，被遺棄……那些負面的念頭、想法，甚至畫面都一一回來了。

想像自己變了一頭哈巴狗，陪著笑臉，搖尾乞憐的模樣，還要應付人家：「我這樣批評你，你不介意的啊……」

「怎會介意，是應該的。我真的不行，你該這樣說的……」想起自己鞠著身子賠不是的背影，才明白人真的軟弱到一個點，會為「五斗米折腰」的可悲。

那些日子，就是這樣湊巧，都是在復活節前。

那些日子，感覺特別敏銳。好多個晚上，看著天花板，難以成眠。

內心會問：這樣的日子，還要熬多久？漫漫長夜，會有盡頭的一天嗎？是一種就算閉起眼睛都流淚的淒涼。但又會鼓勵自己：吃得鹹魚抵得渴，就算多難過也要忍，為了未來，多不想做的事情，還得做……

這些日子，一把聲音告訴我：「禱告沒用的，你看上主怎樣對你？」另一把聲音卻是：「他使我躺臥在青草地上，領我在可安歇的水邊。他使我的靈魂甦醒，為自己的名引導我走義路。」（詩二十三2～3）前者雖然聲音很大，甚至有點聒噪，但卻是添煩添亂。後者聲音微小，但是溫柔堅定，且帶著一種沉穩的定力。

於是，我以後者作為「不能／不想禱告時的禱告」：**「主啊，我沒力再走下去，也不知道將來如何，但求祢讓我的心靈甦醒，也請祢為自己的名引導我這頭迷羊走祢的路，不要偏離啊！」**

從信主幾十年到如今，生命中有無數的片段，都在印證主在一些緊要關頭，就會出手介入，讓我驚訝得無話可說。

就像這天，當我以為無路可走，一定要踏上那「不願走」的路時，祂卻差派了一位意想不到的天使，告訴我：「你放心，有另一條路可以走，請過來！」原來是真的。這一條路，有祂豐富的供應預備，也有關心我們的人在守候，願意為我們守望禱告。

怎麼我一直都不曉得？

那是因為我一直把自己關在一個**自以為熟悉的死胡同**。在這個胡同內，看見的是四道牆，沒有光，也沒有出路。但弔詭的是，習慣在這樣的胡同中生活的人，是不願意看見外面世界的海闊天空的。

為甚麼這樣說？因為除了我自己，也碰上不少愛躲在胡同的「同道」。曾經，我們一起唉聲歎氣，一起批判這批評那，一起討厭誰誰誰，但這樣圍著呻氣，只會志氣消沉，對將來更加絕望。

除非，我們願意離開這個其實「並不舒適的舒適圈」，離開這個「曾經將我們牢牢罩住的緊箍咒」，不要再相信「這些毫無根據，遠離這些慫恿我們離棄上主的謊言」。

所以那天，我狠狠跟那把聲音說：「離開我吧！不要搞擾我的思緒，我是不會相信你的……」沒想到，這把聲音愈來愈微弱，隨後還不見蹤影。看看日子，竟然是耶穌復活的那日。那刻，深深感受那種死而復生的喜悅，也深深明白彼得不認主後的痛悔，及重新被主接納的感恩。

記得復活節前夕總有不少佈道會，我也常被邀做分享信息的講員。記得以前講的信息，集中在說明救恩，世人都犯了罪，我們需要上主十字架上的犧牲與救贖。現在，我更會多說信耶穌是代表神與人關係的復和，在信仰的路上，我們並不孤單，因為祂會聆聽、介入，引領我們走人生的每一步。如此我信，如此我寫，如此我繼續這樣行……

習慣在這樣的胡同中生活的人，
是不願意看見外面世界的海闊天空的。

出路十思

1 前路雖然茫茫，但總會看到一線光，就跟著光走找出路吧！

2 我們看的絕路未必是沒有去路，很多時候，要走到絕處才看見生機。

3 有時，看不見出路是因為我們害怕，不再踏前便掉頭走了。

4 有時，路是要走「出」來的，膽子也是要逼出來的！

5 在這兒沒有發揮，不如離開找過另一個地方，就是「出路」啊！

6 「抱怨」就如一副有色的眼鏡，讓我們看到黑漆一片，以為沒有出路。

7 出路不一定是去甚麼地方，心態願意被改變，也就會看見出路。

8 願意努力不懈自學的人，出路也會比那些不努力的多。

9 別老是對自己的出身哭哭啼啼，還不如下定決心打造未來，縱使是一小步一小步的走，也會踏出個未來的。

10 雖然四面受敵，看似無路可逃，但主總會為我們開一條出路的。

20

Be Yourself

對著放在房間的鋼琴，隱隱感覺像是一位曾熟悉又陌生的老朋友向我招手

我們又何須對過去耿耿於懷，
躲進那個早已不存在的世界之中？
好好投入當下，憑著信念，憑著愛與盼望，
揭開人生新的一頁！

我相信主辦單位是無意的，但卻偏偏安排我倆在一所詩班房用膳。我一看，是一部 Yamaha 鋼琴，一個曾經熟悉現在卻感覺陌生的老朋友。

其實，我跟它自幼相識。在家中常常聽到的，是鋼琴家姊姊練習時的音樂，如巴哈、莫扎特、貝多芬，那些曲目我一竅不通，但會記得那些音調。

本來，她彈她的鋼琴，我過我的童年生活，風馬牛不相及。只是因為我是鋼琴家的妹妹，身邊的人很自然覺得我「應該」學音樂，「應該」彈琴。

說真的，我不討厭鋼琴。但討厭考琴，討厭上琴課就彈那幾首歌，為的就是應付考一級一級的琴試。

鋼琴老師也是一個我怕見的人。彈得不好的日子，她常說：「還是請你姊教你，我不教你了！」最終，我也是被逐出師門。後來在服事的日子，我認識了兩位弟兄，原來都是這位名師的「高足」。知悉後，我常自嘲說：「上主真奇妙，讓『高足』碰上『低足』！」

我對彈琴的興趣都是一般，至信耶穌後，因為那趟被趕下台的經歷，差點把我對司琴的興致打沉。

回到香港，當時服事的機構需要司琴，我便按著「安排」又當起司琴來。滿以為回到香港，不會再「被趕下台」了吧！

萬沒料到，所遭遇的更是難受。

曾有好幾次，我被委派當司琴，那位領詩大姊知悉，會走到我身邊說：「早知你當司琴，我不領詩啦！」那個「啦」字帶著濃濃的「貶意」。

我的司琴，是苦練的。不像有些極有天分的人，彈起來就如行雲流水般好聽，我的嘛，有點像「拉牛上樹」，懂音樂的人會聽得出我是逐個音慢慢練習出來的。還有一個大問題是我看慣五線譜，不懂看簡譜，隨著敬拜音樂愈來愈多簡譜，我感覺「被淘汰」的日子近了。

也忘了是何年何月，我把自己的名字從所有司琴的服事中剔除。

也忘了是何年何月，我家的鋼琴送了給人。

從此，對鋼琴這個老友，不見、不聞、不彈，我們「絕交」了。

所以這天，無意中見到它在詩班房內，悄悄躲在一旁，好像一個老朋友，向我招手。

彈，還是不彈？心中忐忑。

為甚麼要彈？為甚麼怕而不彈？我怕甚麼？

我怕，過去學的那些琴技，早已喪失。就像愛看的武俠片般，早已被「廢了武功」。

只是，內心那種好奇、催逼，心中像有一把微聲呼喚，「彈吧！彈吧！」就這樣，我坐到鋼琴旁邊。雙手一放，不知怎的，就是無譜之下，彈奏了 *Give Thanks*。

Give thanks with a grateful heart. Give thanks to the Holy One. Give thanks because He's given Jesus Christ His son...

不知怎的，彈到 And now, let the weak say I am strong, let the poor say I am rich... 我已經被感動得熱淚盈眶。心想：我竟然能在沒琴譜的情況下，仍能彈出音調啊！

「我真的彈了出來嗎？好聽嗎？」我轉身問問老公，他點頭。

「等下聚會開始，你彈琴，我打鼓，唱 *Give Thanks*，來個基督徒版的《中年好聲音》，好嗎？」

「好！好！好！」

結果，那個下午，我倆史無前例在弟兄姊妹面前合奏，還把片段放在臉書，也傳送了給一些至親好友，分享我這個跳出「限制圈」的突破。

「師母，不知道你原來懂彈琴的！」

「跟牧師雙劍合璧，彈得好好啊！」

大家過獎。

那天，我很感動，因為好像跟一位早已分手的朋友「重拾舊歡」似的。

有網友在我的近況寫道：「It is in your blood!」也許是吧！

對於鋼琴，我的愛恨情結不是旁人所能理解的。如今道出，是因為走過多少離離合合的路，都是因為太在乎別人的評價。

但今天的我，這些都不要緊了！彈得好或不好，彈對或彈錯，又如何？享受這個與外子共奏的過程，感謝弟兄姊妹不吝惜的掌聲與鼓勵。

This is more than enough!

對於鋼琴，我的愛恨情結不是旁人所能理解的。如今道出，是因為走過多少離離合合的路，都是因為太在乎別人的評價。

「過去引發」十個反思

1 過去的都是真實的、曾經發生的，但牢記在心的卻是那種感覺傷痕。
2 心靈最大的痛苦莫過於把這些過去，不斷重複在腦海迴盪。
3 滿以為否定這些過去，它就不存在，怎知它如影隨形，死纏不放。
4 很多時候，過去的那句話那種傷害，讓我們很在意「別人怎樣看」。
5 久而久之，我們便被「別人的期望喜好」牽著鼻子走。
6 在每天不自覺的配合中，我們變得麻木。
7 若有人問起，我們最想成為的自己是怎樣，一時竟搭不上嘴。
8 誠實回答一下：我們真的別無選擇嗎？
9 真誠面對過去，面對自己，需要醒覺，也需要勇氣。
10 主啊，我們真知道自己被過去牽引，我們真的不想再這樣走下去，求聖靈光照！

彈得好或不好，
彈對或彈錯，又如何？

第五部

21

Be Yourself

連環得獎讓我喜出望外，但有一個是讓我喜極而泣的

帶著夢想的翅膀，奔向每一個明天。
別因為人家一兩句閒言而卻步，
更不要因為見不到成果就灰心喪志，
流淚撒種的終必享受收割的成果。

「未來十年，是你的黃金歲月，好好珍惜！」講話的是一位我十分尊敬的長輩，地點是多倫多。那是我跟她在電梯揮別時，她對我的叮嚀。

沒想過真的被她言中。

這些年，接二連三的拿獎，還有一些銜頭，都是讓我喜出望外的。先說教育大學的院士吧！記得那天接到電話，說教育大學有人找我。我還以為跟去大學分享家長講座有關，怎知聽到的卻是大學頒給我「院士」的好消息。

記得多年前，曾有長輩鼓勵我去唸博士，覺得我可以把多年來對家庭教育的心得轉化成理念，寫成論文傳承下去。但我的時間表排得密麻麻的，哪有空間？也在同時，接到邀請有機會擔任政府不同委員會的委員，後來更有機會當召集人主領會議，這些都是十分寶貴、千載難逢的學習經驗，也因此我打消了唸博士的念頭。這些年，我旁觀著那些優秀的主席委員，從他們身上學會怎樣簡短發言，如何有效主領會議。

別以為帶領會議容易，要在有限時間完成，要讓會議有行動跟進，要讓各參與者都有機會發言，還有如何禮貌攔截那些胡亂發言者，都是十分高技巧的說話藝術。

我最欣賞的其中一位主席，是帶領我們一干人等面對一個極具爭議的課題。每趟會面都有一種對壘與劍拔弩張的緊張氣氛，沒想到他居然能出奇制勝，用了「六頂帽子思考法」來主理每一場會議。

這六頂帽子就是：

白帽：是以事實、數字、證據作出判斷，是客觀中立的。

紅帽：是以預感、直覺或印象來思考，是跟情緒感覺有關的。他在會議中允許參與者說出自己對特定主題事件的感受，不用解釋、不用爭辯，也給與會者有一個合理的情緒抒發空間。

黑帽：是提出符合邏輯的負面看法，與風險或實施的缺點有關。這是十分重要的一環，讓大家思考問題時，能瞻前顧後，考慮周詳。

黃帽：是將焦點放在優點，是符合邏輯的正面看法，是與毅力、價值或可取之處有關的。

綠帽：是探索新的建議、新的觀念與可行方法，充滿創造性思維的。

藍帽：就是整合所有意見，一個綜觀全局的最終結論。

有趣之處是每一個時段只能戴一頂帽子，用那頂帽子的思考模式來討論。最終，可以讓人在平和理性的氣氛之下，達成共識，甚至改變思考的方向。

我十分珍惜這些學來的功課。

至於這個意料之外的「院士」銜頭，真是愧不敢當。記得當日穿上院士袍，跟剛拿了博士的外子拍了好幾張合照。心中最大的感受是：想告訴天上的爸爸媽媽，「你的女兒我拿了院士啦！」結果，我選了一天到他倆的墳前，完了這個心願。

不過，在芸芸獎項之中，有一個獎是非提不可的。就是那年書展，我在基道的一本書參選了第三屆「香港出版雙年獎」（心理勵志類），還記得我曾在此獎項中入選成為十本佳作之一，當時已覺得十分榮幸。

基道的同事曾告知我，某天下午就是宣布得獎名單之時，叫我記得網上收看。當時心想，一定沒機會的了，因為我寫的內容跟信仰有關，而且上一年得獎的都是名人，怎會輪到我！

所以當天，我是跟外子與好友在迪士尼度假，以一種淡然心態處之。正當我陶醉在親手製作環保袋之際，突然接獲得獎的好消息。那刻，腦海浮現許多陳年舊事的畫面：年少輕狂的日子，想入門寫作被拒門外，想起曾被狠罵「你寫的叫文章嗎」那個鄙視的嘴臉，想起多次入選但卻沒有得獎機會的失落……至今，通通一掃而空。說我不渴望得獎嗎？騙你的！但這趟真的沒想過，感激投票給我的每一位評審，更感謝天上的阿爸父。仍記得十八歲那年，被拒諸寫作班門外，但流著眼淚的呼求，祂聽見，且一直為我開路。

想到此，我已淚流披臉。終於明白，「喜極而泣」是怎樣的一回事。更沒想到的是，跟著的是「基督教金書獎」頒給我的「金筆獎」。收到消息的那刻，我的回應是：

「真的嗎？這個獎不是頒給那些已返天家的文字工作前輩嗎？」

「不！不！我們評審一致覺得該是你啊！」

好吧！獎不嫌多。但同時獲得兩個文字工作的獎，卻是我始料不及的。過去的我，很怕好事成雙，因為恐怕接著而來的就是禍不單行。但上主打破了我這個莫須有的迷信，取而代之的是「恩惠慈愛緊隨」、「福杯滿溢」。好友知道我得獎的好消息，真心為我高興，還說了一句：**「以前是流淚撒種，現在是歡呼收割！」**

絕對是。但在這喜事頻傳的時刻，我更要小心思量跟誰分享。原來，不是每個人都需要知道這好消息的，更不是每個人都接受得到。那隱隱藏著的妒忌，會讓我聽到「你又得獎了！沒甚麼大不了啊！」又或者「只要努力，人人都可以得獎的啊！」聽到這些帶刺有骨的回應，看清眼前人，才明白所謂「知交」原來可以「共患難，但不可分享榮耀」。

當然，我也告誡自己，**千萬別得意忘形，自以為了不起。過去那些被看扁被嘲笑的經歷，讓我謙卑，如今這些得獎的故事，讓我深深知**

道，只要盡心盡力，上主知道，也會按時候給我這些「好東西」。

「神為愛他的人所預備的是眼睛未曾看見，耳朵未曾聽見，人心也未曾想到的。」（林前二9）。這是昔日信耶穌時，一位長輩送給我的經文。一路走來，在尋求夢想的路程上，這節經文同樣很真實地體現在我身上。

得意十省

1 自己想做的事情做到且有回饋，是為得意。
2 愈得意，頭腦就要愈清醒。
3 得意時感覺到了人生高峯，但只是剎那而非永恒。
4 就算走在上坡，總會有下坡的日子，要步步為營！
5 讓勝利與得意沖昏了頭腦時，最容易受騙。
6 那些失意時離棄我們、得意時又出現的人，要慎防！
7 得意時，要記住感謝那些扶我們一路走過來的他。
8 常存感恩，能讓人免於在得意中趾高氣揚。
9 努力奮鬥不畏嘲諷的得意，其實是有血有淚的。
10 流淚撒種，歡呼豐收，這種得意，很美好。

仍記得十八歲那年，

被拒諸寫作班門外，

但流著眼淚的呼求，祂聽見，

且一直為我開路。

22

Be Yourself

謝謝祢，總是在我最需要的時候，給我很多暗中密碼般的回應

總是相信，主耶穌是歡迎天真純真的人到祂這裏來的。
祈求，就得著。尋找，就尋見。
這是應許，也是我們的禱告。
願意帶著如芥菜種的信心，向上主懇切禱告祈求。

親愛的天父爸爸，我常說，若不是祢在我準備喝滴露的那刻，聖靈催逼我呼求祢，相信個性悲觀的我，早已不在人世。

還記得當天對祢的呼求，絕對不是決志禱告，而是挑戰：「主耶穌，如果祢是真的，求祢幫助我，救我脫離這個人生的困局！」連「奉主名求」、「阿們」都欠奉。

從沒想過，這樣一個毫無禮貌的禱告，祢會聽。

從沒想過，祢不單聽，且一步一步引導我這隻迷羊，走進羊圈。聽到不少人在決志前都說：「我要對信仰更清楚一點！」那怎樣才算清楚？讀完整本聖經？通常這只是推辭的藉口，跟著他們相信了，憑著都不是頭腦上的清楚知道，而是遵循內心的召喚、感動。

我當時對信仰清楚嗎？不清楚。只是聽到一位年長的姐妹告訴我「天上有一位爸爸在尋找我」那刻，已淚崩。因為地上那位患上嚴重抑鬱的爸爸，看到我在日記寫著「我恨死爸爸」等字眼，就要跟我脫離父女關係，此刻卻聽到尊貴的天父在尋找我，焉能不動容？

感恩的是天父爸爸祢從沒嫌棄，也在我生命中一步一印證讓我看見祢的恩典憐憫。如果要我一一細訴，是寫不完的……

我永遠記得，在那個欲哭無淚，欲語無言的晚上，深深感覺被背叛、鄙棄，甚至被無故中傷。心中不停問：「為何偏偏是我？為何我要聽到這些難聽的話，還要捏著頸告訴對方：『這是我的錯！你罵我是應該的！』……」當時，祢無語，一點反應都沒有。但沒多久，就給我一首連詞的歌。那句：「我飄泊，祢尋找；我流浪，祢緊張；為何祢在乎我，在我不知不覺間……」讓我**受寵若愛**，感動至淚流披臉。

還有那趟因著外子的醫療報告，要久候下一步的治療部署。那兩個多月忐忑不安的日子，一方面肩負講座寫稿見人的職責，仍要裝作若無其事站在台上或人前，只是內心的掛慮像一抹久久不散的烏雲，怕某天某日化成了生命中的大雷雨。還記得那個筋疲力盡的晚上，拉著外子往商場跑。

「來，來，我們到XX樂園去玩玩吧！」

但在抵達入口前，在心中暗暗作了這樣的禱告：「主啊！祢昔日給基甸濕羊毛為證，讓他知道祢會拯救以色列人（士六36～38）。今日，求祢讓我在這兒擲到那黃黃的『布甸狗』，讓我知道祢會醫治拯救我所愛的。阿們！」

這個無助中的哀求，感覺上是我跟上主的**暗中密碼**（secret code），當然沒有告知外子啦！

走了進去，換了代幣，我們兩個一起擲。

「啊！中了紅色！」

「啊！中了黃色！」

「啊！中了彩虹的中心，中了，中了！我要上面那頭布甸狗！」

是的，上主應允禱告。真的中了，在樂園的人看我帶著歡笑滿足（當然更有感恩）的眼淚，捧著布甸狗離開。

過去的我·曾被媽媽喚作 bad luck girl（因用我的名字買哪隻股票，那隻就虧損），但如今那個不再是運氣壞透的我，已是恩典慈愛（你可叫「好運氣」）緊隨。

不瞞你說，往後的歲月，我們更在「擲彩虹」的攤位前，共拿到四隻大公仔。連那趟去新加坡旅行，也在樂園擲到一隻「蜘蛛俠」跟「松鼠」呢！與其說我們是「擲物達人」，不如說這是我與上主的一個暗中密碼，是祂在我於人生低谷徘徊無助之際，給我的特別「獎賞」。

也許，你覺得這是不可思議。玩耍得到的禮物只是兒戲，怎能視作上主的恩賜？但既然我們相信「百物」都是從祂而來，難道祂不能以區區「大公仔」來向祂所愛的兒女印證祂的慈愛同在嗎？

過去，我們總愛把上主的作為規限在一個**自以為「是這樣」的那些「框框」**，就算心中禱告了也只是向神「稟告」，過後即忘，更沒期望上主會怎樣回應。

「讓小孩子到我這裏來，不要禁止他們；因為在神國的，正是這樣的人。」（可十14）這是信主不久讀過的經文，也是我的學習。所以在生命中出現了這些帶點孩子氣的神蹟。

對，就是「**孩子氣**」，就是回轉成為「孩子」，單純地向天父爸爸呼求。

不是用神學，不是用解經去理解上主心意，而是心靈的誠實坦白，像個小女孩小男孩般，相信所讀的經文向天父爸爸祈求禱告，也是祂對我們「說的話」。更不用介懷是否懂得那連串屬靈的說話，或引用多少節聖經，深信天父爸爸在乎的，是我們全心相信，真誠悔改的心。

最近一趟的引用，就是確診新冠，跟著患上「腦霧」。那幾天腦袋一要集中精神，頭頂就感覺像有一架重型飛機飛過，腦內「嗚嗚」作響，隨後就是頭暈想吐。難受的是：這些感覺不知何時會來，總之就是跟集中精神有關，帶來甚大困擾。

「主耶穌啊！我是用腦袋來服事祢的，靠腦袋演講講道，靠腦袋寫作。若這樣不受控出現，我該怎麼辦？我還可以服事祢嗎？」

「主啊！主啊！主啊！」心中不住呼喊。當時，我正在進行每天早上的靈修讀經。

「你讀讀今天看到的經文吧！」心中有此催逼。

「你們若有信心，像一粒芥菜種，就是對這座山說：『你從這邊

挪到那邊』，它也必挪去；並且你們沒有一件不能做的事了。」（太十七20）

「主啊，我對腦霧得醫治的信心，真的如『芥菜種』般微小！怎辦？」

「你看，這節經文就是我對你說的話。」

「就是這樣小的信心，可以叫山挪移？」

「是！」

「難道祢的意思是可以『挪開我的腦霧』？」

「是！」那是一個肯定的「是」。

於是，我做了一個「沒有後著」的宣告：（還清楚記得，當時我是對著電腦螢幕的那節經文說的，所謂「沒有後著」，是沒有加那句：「若不是祢的心意，我願意順服」，這是我們一貫禱告的「兩手準備」嘛。）

「我現在奉主耶穌的名，叫腦霧此刻離開我。奉主名求，阿們！」

奇妙的是，那種腦霧的「嗚嗚」聲不再出現，腦霧真的離我而去。從禱告的那天，直到如今快一年了。而且，腦袋的記憶與靈活毫無損傷，身邊甚至有朋友告訴我：「你的腦筋比以前更快，記憶比以前更好！」（也是真的，否則這本書怎能把連串的前塵往事都一清二楚寫下，在一個月內完成。）

親愛的天父爸爸，面對祢在我生命中的厚恩，只能說：無言感激，我會繼續盡心盡性盡力服事祢，將好消息帶給身邊的人。

童真十禱

1 主啊，求祢讓我保有對天父世界的驚訝，讚歎創造的奇妙！
2 主啊，求祢讓我懂得天天謝恩，知道美食是祢的賜予！
3 主啊，求祢給我勇氣，在每趟跌倒後，都能勇敢再站起來！
4 主啊，求祢給我毅力，讓我樂意一試再試，永不放棄！
5 主啊，求祢給我更多的節制，讓我懂得拒絕誘惑。
6 主啊，求祢賜我膽量，加力給我去闖關冒險！
7 主啊，求祢給我更多的愛，別人哭了就速遞紙巾！
8 主啊，求祢給我智慧，透過閱讀反省，邁向成長！
9 主啊，求祢給我更多的信任，信任別人，更信靠祢！
10 主啊，求祢讓我學會順從，因為知道祢的心意最美善。

親愛的天父爸爸，面對祢在我生命中的厚恩，只能說：無言感激，我會繼續盡心盡性盡力服事祢，將好消息帶給身邊的人。